從一國歷史
預視世界
的動向

極簡

荷蘭史

【監修】水島治郎
Mizushima Jiro

楓樹林

因「水」相連的荷蘭與日本

每一個造訪過荷蘭的人，應該都會對阿姆斯特丹等城市縱橫交錯的運河，以及流經郊外農村地區的水道交織而成的風景為之著迷吧。荷蘭位於大河流的河口地區，長期以來與水對抗、治水，以及一直以來善用水的歷史，至今仍歷歷在目。隨後到了十七世紀的荷蘭，它越過大海於世界展翅翱翔，以海洋帝國之姿雄霸一方。

這樣的荷蘭，也經由水路與日本相連。包含荷蘭船隻於江戶時代造訪長崎出島，日本與荷蘭歷經四百年來一直保持著密切關係。後來日本在明治時代採用了荷蘭的治水技術，努力開發國土。

本書以淺顯易懂的方式彙整了荷蘭的歷史，同時關注荷蘭與日本之間的關係。對於站在歧路上的現代日本來說，學習荷蘭這個現今仍在推動最先進改革的全球化小國，肯定會帶來莫大的啟發。

監修　水島治郎

歷史冷知識！

荷蘭的4大祕密

如果你是第一次接觸荷蘭史，現在就為你介紹一些令人意外的事實！

Secret 1

「八重洲」這個地名是源自荷蘭人!?

曾經出入過東京車站的人，也許會對八重洲口十分熟悉。八重洲這個地名，源自於一個荷蘭人的名字，當初他在江戶時代開始前的西元1600年來到日本。

→詳情參照 109頁

Secret 2

荷蘭總督成為英國君主!?

現在荷蘭不但有國王，還有王室，不過在17世紀下半葉，擔任總督的人就是荷蘭實質上的君主。這位荷蘭總督後來居然成為了英國的國王。

→詳情參照 129頁

Secret 3

荷蘭有「首都」
與「實際上的首都」!?

阿姆斯特丹又稱作「水之都」，是荷蘭的首都。不過，主要的政府機關，諸如國王辦公室所在的宮殿及國會都位在海牙，被視為「實際上的首都」。

→詳情參照 36頁、149頁

Secret 4

世界第一的人工湖
原來是一片海洋 !?

愛塞湖面積約1200平方公里（琵琶湖的1.5倍以上），是人工創造的淡水湖（除了水壩湖），堪稱世界最大。它原本是一個海灣，為何會重生成湖泊呢？

→詳情參照 176頁

接下來，我們就來探索荷蘭史吧！

目錄

＜代爾夫特的新教堂＞

南荷蘭省代爾夫特市的新教堂。
也是荷蘭王室的陵墓。

chapter 4 共和國的終結

<阿姆斯特丹的運河>

阿姆斯特丹辛赫爾運河內的17世紀環狀運河地區，位於阿姆斯特丹市中心，被聯合國教科文組織列為世界文化遺產。

序章

與日本來往最長久的西方國家

大家對於荷蘭這個國家了解多少呢？即使是不太懂藝術的人，應該也聽過梵谷（Gogh）、維梅爾（Vermeer）、林布蘭（Rembrandt）這些畫家的名字，其實他們每一位都是荷蘭人。梵谷的代表作《向日葵》在一九八七年，由安田火災海上保險公司（現在的損害保險日本興亞公司）以大約53億日圓（含手續費約58億日圓）的價格得標，成為一大話題。這幅《向日葵》目前收藏於東京的ＳＯＭＰＯ美術館。每次舉辦維梅爾或林布蘭的作品展覽時，人們都會蜂擁而至。此外，可愛兔子角色「Miffy」的創作者迪克・布魯納（Dick Bruna）也是一名荷蘭的繪本作家。就像這樣，荷蘭的藝術及文化可說十分為日本人所熟悉。

荷蘭在歷史上，對日本來說也是一個特別的國家。自十六世紀以來，荷蘭為了擴大貿易網絡，全力在海外布局，與日本的交流也從那時候展開。即使在江戶幕府

荷蘭的領土

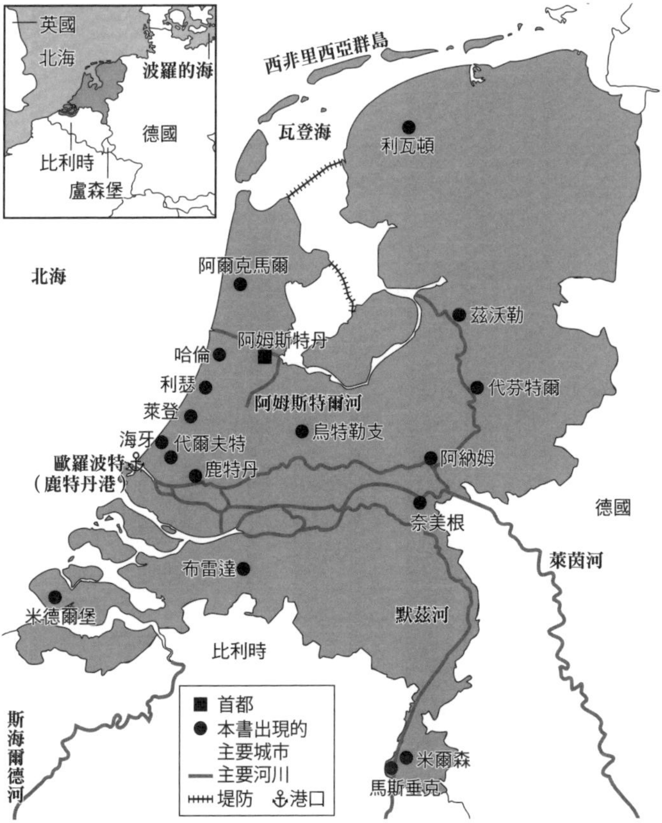

總面積　約4萬1900平方公里
總人口　約1750萬人

※引用自日本外務省網站（2023年6月當時）之資訊

＜荷蘭的自治領土＞

自治領土名稱	所在地區
阿魯巴	加勒比海
古拉索	加勒比海
荷屬聖馬丁	加勒比海

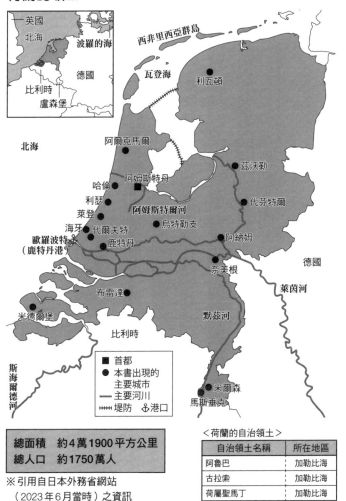

源自荷蘭語的日語單字範例

日語	荷蘭語的寫法
ガラス（玻璃）	glas
コック（廚師）	kok
コップ（杯子）	kop
コーヒー（咖啡）	koffie

日語	荷蘭語的寫法
スコップ（鐵鍬）	schop
ランドセル（小學生雙肩書包）	ransel
ホース（水管）	hoos
ポン酢（柚子醋）	pons

實行鎖國政策後，兩國之間的貿易仍然持續進行，荷蘭可說是西方國家當中，與日本來往最長久的國家。因此，日本人現今習慣使用的字詞及文物，許多都是源自荷蘭。舉例來說，傳聞巧克力和撞球等就是經由荷蘭傳入日本的。

曾經在江戶時代設置荷蘭洋行的長崎出島，是日本唯一與西方的窗口，最先進的科學技術及知識也是透過出島的荷蘭人傳入。因修復Elekiter而為人所知的平賀源內，以及醫師杉田玄白、中川淳庵等人，還有創作《解體新書》的醫師前野良澤，都是在長崎學習了「蘭學」。雖說如此，兩國之間的關係並不是一直保持良好，在江戶時代初期曾因貿易發生摩擦，第二次世界大戰期間也有交戰過。

日本人習慣稱之為「Holland」，但是現在荷蘭這個國家的名稱其實是「荷蘭王國」（Kingdom of the Netherlands），簡稱為「荷蘭」（the Netherlands）。荷蘭政府要求各國自二〇二〇年起開始使用「the Netherlands」這個國名。但是對於日本來說，「Holland」這個名稱已經習以成俗，所以允許繼續使用。

荷蘭在加勒比海上也持有領土，「荷蘭王國（Kingdom of the Netherlands）」的名稱，主要用於討論包括海外領土的荷蘭時使用。正如「王國」一詞所示，顧名思義荷蘭是君主立憲制國家。戰後，荷蘭王室與日本皇室的交流始於一九五三年，現在的上皇在皇太子時代出席英國女王伊莉莎白二世（Elizabeth the Second）的加冕典禮時，也到荷蘭進行非正式訪問。一九七一年，昭和天皇與皇后也造訪過荷蘭。

兩家族之間的密切關係一直持續到了今日。二〇〇〇年正值日本與荷蘭往來四十週年，當時的天皇和皇后（現在上皇與上皇后）到荷蘭進行正式訪問，二〇一三年現任的天皇與皇后出席了荷蘭國王的登基儀式。荷蘭王室也經常造訪日本，二〇一九年荷蘭國王與王后便出席了現任天皇的登基儀式（即位禮正殿之儀）。

荷蘭與比利時相鄰，而比利時又與盧森堡交界，這三個國家有時也統稱為「比荷盧聯盟」。由於歷史淵源深厚，本書中也會多次出現比利時與盧森堡。

荷蘭位於歐洲大陸，國土面積約四萬一千九百平方公里，與日本九州不相上下，人口約一千七百五十萬人。比利時的面積約三萬五百平方公里，比荷蘭小三成左右，人口約一千七百五十萬人，盧森堡的面積約兩千六百平方公里，與神奈川縣差不多，人口約六十三萬五千人。

荷蘭憲法上的首都是阿姆斯特丹，為全國最大的城市，約有八十七萬人居住，但是實質上的國家政治中心為海牙。除了這兩個城市之外，擁有歐洲最大港口歐羅波特（鹿特丹港）的鹿特丹，也是世界知名。此外，阿姆斯特丹史基浦機場更是全世界屈指可數的樞紐機場，也被譽為「歐洲的空中門戶」。

荷蘭的行政區域

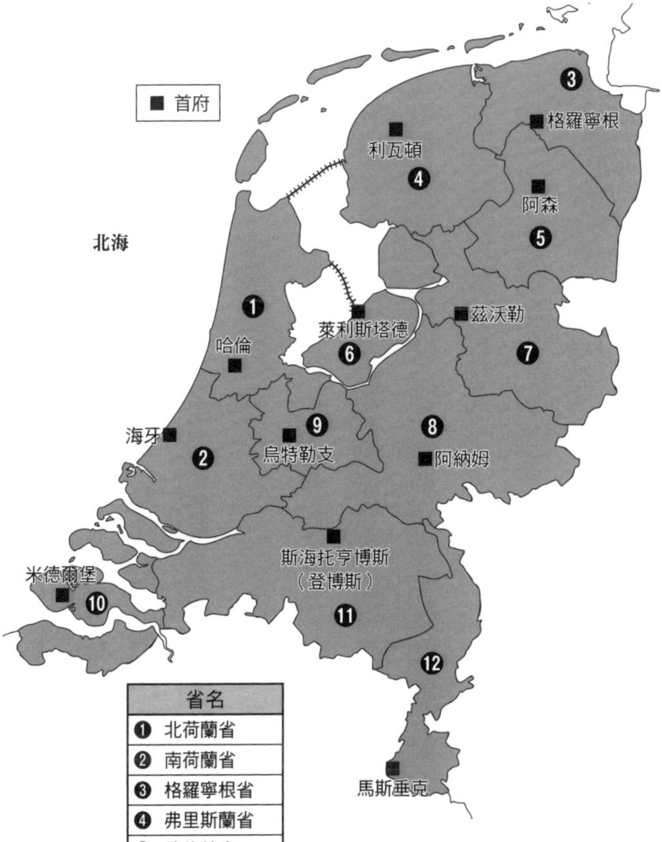

省名
❶ 北荷蘭省
❷ 南荷蘭省
❸ 格羅寧根省
❹ 弗里斯蘭省
❺ 德倫特省
❻ 弗萊福蘭省
❼ 上愛塞省
❽ 海爾德蘭省
❾ 烏特勒支省

省名
❿ 澤蘭省
⓫ 北布拉邦省
⓬ 林堡省

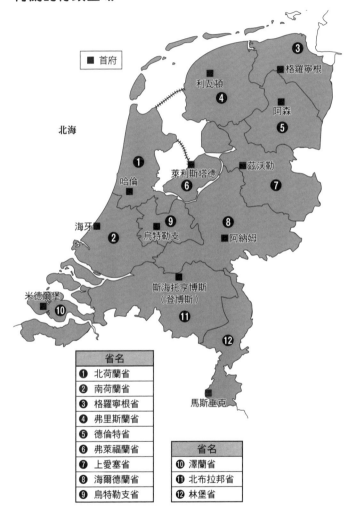

荷蘭大部分國土海拔低於兩百公尺，最高點在南部林堡省的瓦爾斯山（Vaalserberg），海拔約三百二十三公尺，實際上並沒有高山。河流和運河如網般遍布，居住在北海沿岸及萊茵河、斯海爾德河、默茲河三角洲的人們，自古以來需應對洪水，並增加耕地面積，自中世紀起便持續進行圍墾。提到「荷蘭」，最先想到的風車，正是在這些圍墾過程中使用的。

阿姆斯特丹比北海道更靠北方，但最冷的一月均溫不會低於冰點、最熱的七月均溫也僅略高於二十度，與八月均溫將近二十七度的東京相比可謂舒適。超過百分之四十的國土皆為農地，根據二〇一九年聯合國統計，荷蘭的農產品、食品出口額僅次於美國，主要農產品為觀賞用花卉、馬鈴薯、洋蔥和番茄等等。酪農業及畜牧業也十分興盛，以產地命名的高達起司舉世聞名。此外，機械、化學製品的出口也相當繁榮，二〇二一年的出口總值超越日本，躍居世界第四。一起來看荷蘭人是如何在一片實在稱不上豐足的土地上，建造和發展國家吧！

chapter 1

祖國成立以前

與水有關的古代遺產

隨著時間推移，西元前八世紀中葉，羅馬城邦在義大利半島中部成立之後，逐漸以地中海為中心將勢力擴大，並於西元前五〇九年從君主政體轉移成共和政體。這樣的趨勢並沒有停止下來的跡象，而且還開始發展至北海地區。

西元前五十八年，凱撒將軍率領羅馬軍隊入侵當時羅馬人稱之為「高盧」的地區，也就是現在的法國、以及比利時全境和荷蘭南部一帶。在凱撒記錄他遠征高盧的著作《高盧戰記》（Commentarii de Bello Gallico）一書中提到，「在當時的高盧，居住著三個民族（凱爾特人、貝爾蓋人、阿基坦人），各自擁有不同的語言、習俗及社會制度」。

貝爾蓋人是凱爾特人與日耳曼人混血的民族，生活在塞納河以北至萊茵河南岸，相當於現在的荷蘭南部、比利時全境和法國部分地區。雖然歷經苦戰，凱撒還是馴服了貝爾蓋人，並於西元前五十七年征服了萊茵河南岸的地區。隨後征服的南岸地區，開始被羅馬人稱為「比利時高盧」。而比利時高盧，則相當於今日的荷蘭、比利時和盧森堡一帶。

同一時期，日耳曼裔的巴達維亞人（羅馬人的語言拉丁語則稱作巴達維人）被迫從萊茵河上遊移居到河口形成的三角洲地區。

此外，日耳曼裔的弗里斯蘭人則一直居住在沿海地區。許多弗里斯蘭人生活的弗里斯蘭（現在的荷蘭北部沿海地區）為低窪地區，所以滿潮時這一帶都會淹沒在海平面以下。因此弗里斯蘭人建造了一至二公尺高的土墩（Terp），並在上頭蓋了房屋及牲畜棚過生活。而建造這些土墩所需的沙土，是將土墩之間的地面挖出細長坑洞後取得的。他們會將水引入這些挖掘坑洞，退潮時當作水道。活躍於一世紀的羅馬博物學家老普林尼，在他的著作《博物志》（Naturalis Historia）中如此描述滿潮時的景象：「陸地與海洋沒有區別，居民似乎正乘坐在（名為土墩的）船上」。

不久後巴達維亞人與弗里斯蘭人建立起友好關係，他們從羅馬學到了建造最新堤防及運河的方法，甚至取得農業技術，將土地改良，並且使生活逐漸變得富足。後來隨著新技術的發展，羅馬文化一步步滲透了比利時高盧及相鄰的日耳曼尼亞。

接受羅馬文化

西元前二十七年，當羅馬從共和政體轉變成帝國政體時，比利時高盧成為了羅馬的一個行省。而行省就是在羅馬本地以外建立的殖民地。

當時的萊茵河，就像是羅馬帝國統治地區與和日耳曼人生活圈之間的分界線。羅馬人在萊茵河南岸建造了許多要塞，為對岸的日耳曼人做足準備。像這樣建造起要塞後發展成都市的，包含位於萊茵河支流瓦爾河沿岸的奈美根（現在的海爾德蘭省城市），以及位於荷蘭中部的烏特勒支（現在的烏特勒支省首府）等城市。

在這當中的奈美根，更是擁有了許多羅馬時代的古老建築及文化遺產。在市區內除了有羅馬時代的地暖系統遺跡之外，還曾經挖出應為羅馬士兵使用過的頭盔、面具和銀茶杯等等，目前收藏於當地的博物館中。

雖然比利時高盧被羅馬人統治，但是巴達維亞人和弗里斯蘭人並沒有屈服。他們對羅馬帝國的專制政治感到憤怒，經常爆發叛亂。西元七〇年左右，當羅馬本國陷入內訌時，一直對重稅和徵兵感到不滿的巴達維亞人便起義了。其他的日耳曼人部落也加入起義後勢力增強，甚至在短時間內將羅馬人驅逐出萊茵河沿岸。然而，叛亂很快就被鎮壓，巴達維亞人再次受到羅馬帝國的統治。

九〇年左右，比利時高盧進行重組，其中的主要地區，相當於現在荷蘭南部及比利時一帶，被視為「下日耳曼尼亞（低地日耳曼尼亞）」，與「上日耳曼尼亞（高地日耳曼尼亞）」一起構成了日耳曼尼亞。

後來在短暫時間內，在羅馬帝國的統治下持續了一段和平時期。只不過，在此期間巴達維亞人卻從低地日耳曼尼亞消失無蹤。這段過程難以釐清，也許是對突然

以萊茵河為界的兩大勢力

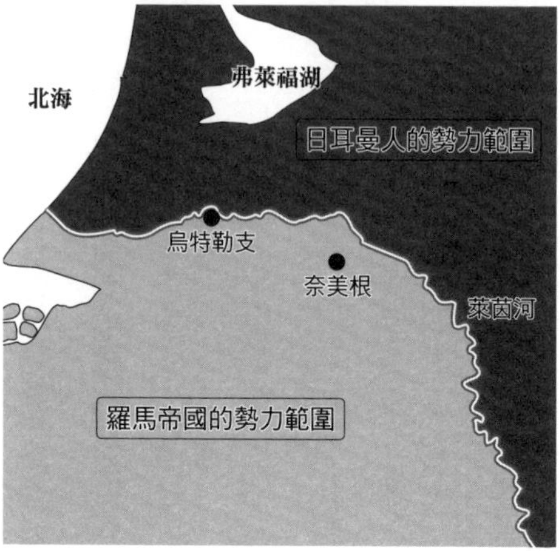

消失的部落充滿浪漫情懷，在一些現代的荷蘭人心中，認為巴達維亞人才是他們始祖。

大約從西元三世紀後半期開始，烏雲開始籠罩這個和平的世界。羅馬政局變得不穩定，與統治地區以外接觸的行省邊界疏忽警戒，包括日耳曼裔法蘭克人在內的各個部落開始越過萊茵河，入侵日耳曼尼亞。難以應付這個局面的羅馬帝國試圖拉攏法蘭克人，並於三五八年允許法蘭克人定居在萊茵河下游，相當於現在荷蘭南部與比利時北部的地區，並賦予他們守衛邊界的任務作為交換。

西元四世紀至六世紀這段期間，在歷史上甚至被稱作「日耳曼民族大遷徒」，法蘭克人、西哥德人等日耳曼各部落的移動更加猛烈了。受此影響下，羅馬帝國於三九五年分裂為東西兩部分，低地日耳曼尼亞落入西羅馬帝國的統治之下。從此以後日耳曼人的入侵還是沒有平息，影響甚至波及到低地日耳曼尼亞。

基督教傳播

四〇〇年左右，羅馬軍隊撤出日耳曼尼亞，羅馬的統治告終。許多日耳曼民族越過萊茵河，遷入沒有統治者的舊日耳曼尼亞土地上。在這當中身為首領的克洛維一世（Clovis Ier）顯露頭角，於四八一年建立了法蘭克王國。

當時的日本

根據記載得知，邪馬台國女王卑彌呼曾於239年派遣使者到中國魏朝。三世紀後半葉，在現在的近畿地區開始建造了許多的巨大古墳，由此推測以大王為盟主的大和王權（政權）於此時形成。

克洛維一世利用基督教，統一了多民族國家的法蘭克王國。四九六年他改信基督教亞流教派，並和以亞流教派為教義的羅馬天主教會建立了合作關係。

克洛維一世死後，國家遭到分割，在包含現在荷蘭的東北部，建立了奧斯特拉西亞（分裂的王國之一），並開始與其他分裂的王國展開競爭。

直到六〇〇年左右，奧斯特拉西亞的勢力已經擴張至萊茵河附近，與將萊茵河沿岸視為勢力範圍的弗里斯蘭人相持不下，並馴服了一部分的弗里斯蘭人。七三四年，奧斯特拉西亞的宮相（王國的最高官職），同時兼任各個分裂王國宮相的查理・馬特（Karl Martell），率軍北上征服了弗里斯蘭（參閱第35頁的地圖）。

查理的家族因為各種功績，開始擁有凌駕主君的勢力，後來查理・馬特的兒子不平（Pépin），於七五一年取代主君即位成王。卡洛林王朝法蘭克王國從此展開。

歷代的法蘭克國王也都會試圖讓領地人民改信基督教，並在萊茵河沿岸的各個地方建造教堂，還會派遣法蘭克人的基督教傳教士，但是向弗里斯蘭人傳教的過程並不順利。同為日耳曼裔的盎格魯－撒克遜人傳教士聖波尼法爵（Bonifatius），嘗試在弗里斯蘭傳教卻沒有成功，當他於七五四年再次造訪同一個地方時，遭到弗里斯蘭人殺害。弗里斯蘭在法蘭克王國統治下僅有二十年左右，對日耳曼人的敵意根深蒂固。聖波尼法爵後來被羅馬天主教會冊封為聖人。

此外，羅馬天主教會還負責傳教活動及教會營運，因此會在每個地區派駐大主教及主教等神職人員。羅馬人於默茲河的渡河點設立交通樞紐的馬斯垂克（現在的林堡省首府）也是其中之一，直到八世紀為止，馬斯垂克一直作為一座宗教城市而蓬勃發展。

統治者反覆不定

卡洛林王朝法蘭克王國，在不平之子查理曼（Charlemagne）統治期間達到顛峰。其領土西至現在的法國，東到現在的德國，南及義大利半島。

為了統治廣大的統治地區，開始在各地設置行政區域，並派遣稱為「伯爵」的官員至該地作為國王的代理人，負責行政、審判及軍事等事務。最初伯爵的任免權掌握在國王手中，但約略從九世紀中葉開始，當伯爵成為世襲制後便積習成俗，開始掌握地方龐大權力。隨後在中世紀的歐洲，逐漸成為所謂的諸侯。

西元八〇〇年，查理曼（俗稱查理大帝）被教宗加冕為羅馬皇帝，提升了他作為羅馬帝國合法繼承人的權威，同時成為羅馬天主教會的守護者。西歐政治因此十分穩定，以天主教為中心的文化逐漸滲透，羅馬天主教會日益強大。

此外，由於查理大帝一直到晚年都沒有定居下來，而是在領地內四處遷移，所以他在領地內的每個地方都建造了王宮，其中一座王宮還存在奈美根。

在查理大帝死後繼承王位的路易一世（Louis Ier）有好幾個孩子，他在八四三年將國土分割給三個人繼承。這項關於分割的協定稱作《凡爾登條約》，包含現在的荷蘭與比利時的大部分土地，皆屬於中法蘭克王國。此後，根據八七〇年簽署的

《梅爾森條約》，中部法蘭克王國被分割、合併，確定了東法蘭克王國、西法蘭克王國、義大利王國的領土，相當於現在的荷蘭與比利時的大部分土地，納入了東法蘭克王國。這三個國家分別為當今德國、法國、義大利這些國家的原型。

順帶一提，該條約的名稱取名自梅爾森，這是位於現在荷蘭最南端的省分，為林堡省的一座城市。

弗里斯蘭人主導的貿易

卡洛林王朝統治時期相對穩定，因此經濟繁榮進步。它的中心地區都是在萊茵河沿岸的城市，例如烏特勒支和多雷斯塔德等等。因為利用河流及運河進行的貿易蓬勃發展的關係。而負責這些貿易的人，就是弗里斯蘭人。主要原因是他們自古以來就會修築土墩及水路，過著與水共存的生活，也十分擅長駕船。

弗里斯蘭人的貿易範圍廣闊，以萊茵河沿岸為主，除了現在被稱為科隆和美因

9世紀的西歐

<根據凡爾登條約>

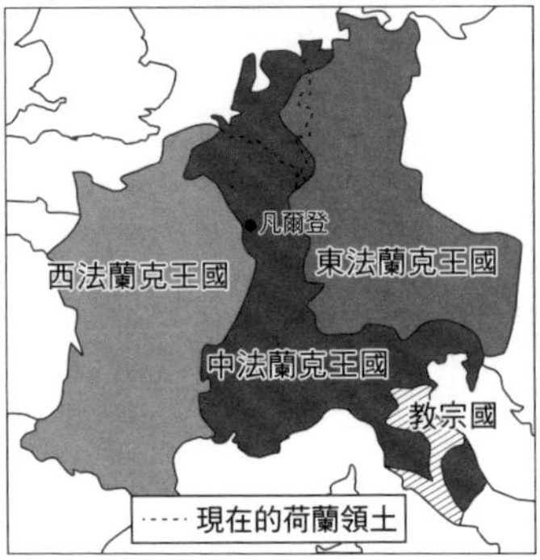

<根據梅爾森條約>

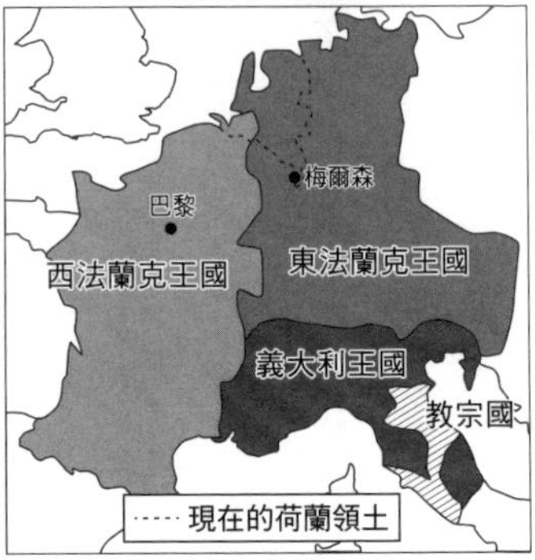

茲這些德國內陸地區之外，還跨越大海擴及到大不列顛島南部城市的倫敦、中部城市的約克以及位於日德蘭半島（Jütland）底部的城市赫德比，甚至還延伸至斯堪地那維亞半島的城市。進行交易的貿易商品，諸如當地收穫的羊毛、魚及鹽，還有從來自波羅的海和北海沿岸捕獲的毛皮和鯨魚油，以及在萊茵河沿岸生產的葡萄酒和穀物等等。據說當時他們也會將戰俘當成奴隸，賣到阿拉伯世界。

這些弗里斯蘭人，還會出售自己生產的羊毛和羊皮、捕魚獲取的鱈魚和鮭魚，並取得他們自己無法生產的穀物等等。只不過，生產規模較小，據說很多弗里斯蘭人一直都是從事貿易。

維京人造成商業不振

進入九世紀後，維京人注意到多雷斯塔德這些商業城市的富裕，不時現身進行掠奪。剛開始襲擊時，維京人只是掠奪並未占領土地便歸去了。而且，這些維京人實際上是居住在日德蘭半島和斯堪地那維亞半島的人們。

根據最早的記錄顯示，維京人在八一〇年首次襲擊弗里斯蘭。此後，法蘭克王國北部沿岸遭到大規模襲擊。奈美根和多雷斯塔德也成為襲擊的對象。尤其是多雷斯塔德多次遭到維京人的攻擊、掠奪，導致衰敗而毀滅。如今只有遺跡和博物館的展品，將當時的繁榮景象留傳給後世。

由於維京人一連串的大舉破壞，弗里斯蘭人的商業活動一蹶不振。然而，也有一種說法認為，一部分的弗里斯蘭人加入了維京人的行列。因為維京人不僅僅是海盜，也有商人的一面，所以據說弗里斯蘭人的商人是為了錢財，才會引導維京人進行掠奪。

對掠奪感到頭疼的法蘭克國王，將弗里斯蘭等土地交給兩位維京首領統治。正如過去羅馬帝國曾經拉攏法蘭克人的做法一樣，讓維京人定居下來，派他們負責防衛以防其他維京人的襲擊。自此以後，維京人在入侵的土地上建置交易據點，並開始落地生根。長期定居下來的維京人成為該地具影響力的人，並逐漸被納入中世紀歐洲的封建社會。

另外，在十五世紀展開的大航海時代，許多來自

當時的日本

自從第一次派遣使者前往中國唐朝以來，兩國持續在交流，許多文物也從大陸漂洋過海被帶來了日本。只不過，菅原道真在849年向朝廷提議廢止遣唐使，這導致持續了兩百多年的遣唐使被迫中止。

荷蘭的船隻能夠橫越大海前往世界各地，可說是因為弗里斯蘭人的貿易所培養出來的航海技術，能夠流傳至後世的關係。

封建領主的出現

誠如前文介紹，包括現在荷蘭在內的土地，都屬於東法蘭克王國。後來，東法蘭克國王於九一一年去世時並沒有留下繼承人，經過具影響力者選舉後，由一位國王的親戚即位。被選為下一任國王的亨利一世（Heinrich I）是撒克遜人的後裔，並不是法蘭克人的國王，所以在歷史上有時會說這是「德國」這個國家的開始。

他的兒子鄂圖一世（Otto I）試圖提升自己的權威，於是加深與羅馬天主教會的關係，並於九六二年被教宗加冕為皇帝，據說神聖羅馬帝國就是從此時成立的。話雖如此，由國內具影響力人士選出君主即皇帝的形式，日後仍一直持續著。

在中世紀的歐洲，君主會授予臣子爵位和領地，以此換取臣子宣誓效忠君主，並履行軍務等等。這種關係稱為封建制度。被授予領地的臣子成為封建領主（諸侯），由上到下依序有公爵、侯爵、伯爵、子爵、男爵這些等級。名義上，君主處於最高等級，但是在諸侯（貴族）當中也開始出現了勢力凌駕於君主的人。這些具影響力的諸侯的領地稱作領土型國家（Territorial state），實質上形成了一個獨立國家的主體，擁有司法管轄權及貨幣發行權等等。

進入十一世紀後半葉後，在相當於現在荷蘭的土地上，也成立了多個領土型國家。接下來將列舉其中的幾個國家，介紹一下當時荷蘭的情形。

「海牙」的形成

首先是荷蘭伯爵的領地。荷蘭伯爵同時也是澤蘭伯爵，統治著從荷蘭到澤蘭的沿岸地區。據說最初是由海牙（現在的南荷蘭省首府）北部的一個伯爵領地發展而來。當時在這個伯爵領地上有一片廣闊的森林，而Holtland意指「樹木茂盛的土地」，所以推測這就是Holland這個名字的由來。

歷代的荷蘭伯爵都在推行默茲河口沖積平原（三角洲）的開墾，鼓勵遷居，並大力修築堤防。結果，在沿岸地區形成都市，航運業及漁業蓬勃發展，荷蘭伯爵的領地逐漸成為荷蘭經濟中心。

十三世紀前半葉，於荷蘭伯爵威廉二世（Willem II）統治時期建造的宅邸，後來裝修成荷蘭伯爵居住的城堡，海牙小鎮就是從這裡開始形成的。海牙的正式名稱叫作「斯赫拉芬哈赫」，意思是「伯爵的領地」。

12世紀的荷蘭

位海牙市中心一角國會議事堂（Binnenhof）的城堡被稱為「Ridderzaal」（騎士廳），至今仍為國

會議事堂，用於國家的官方活動，除此之外在同一地區還設置了多個政府機關，所以海牙一直被視為實質上的首都。

另外海牙還有國王辦公室所在的諾代恩德宮、國王一家生活的豪斯登堡宮。長崎縣佐世保市的豪斯登堡主題樂園，就是源自於這座宮殿。豪斯登堡的意思是「森林之家」，主題樂園的地標性建築「豪斯登堡宮」，是取得荷蘭王室許可後，將豪斯登堡宮忠

實重現的建築。

話說在這之後，每當荷蘭伯爵沒有生出男性後代時，都會引發繼承紛爭，一四三三年是荷蘭伯爵的親戚，法蘭西王國（瓦盧瓦王朝）的諸侯勃艮第公爵菲利普三世（Philippe le Bon，好人菲利普），將包含荷蘭伯爵領地的三個伯爵領地併入勃艮第公國，荷蘭伯爵領地便消失了。

主教統治的領土型國家

接下來要介紹的，是烏特勒支主教領地。

烏特勒支原本是由羅馬人建造而成的要塞都市（參閱第23頁）。於七世紀末迎來了轉折點。法蘭克王國也想在弗里斯蘭傳播基督教，於是派遣主教前往烏特勒支。後來烏特勒支的主教掌管了這一帶的教會，烏特勒支於是轉型成為宗教城市。

十世紀中葉，鄂圖一世給予主教鑄造貨幣和徵收通行稅的權利，此外還授予主教爵位。烏特勒支主教在威望攀升之下，四周的領主紛紛捐獻土地，主教領地便逐漸擴大了。

說到與前述的荷蘭伯爵領地最大的差別，在於烏特勒支主教領地的主君，是羅馬天主教會的主教。而且比較複雜的一點是，有別於其他世襲制領土型國家的君主，神聖羅馬皇帝通常會任命從小培養的家臣等為主教，因此主教領地受到皇帝的強烈影響。

十一世紀至十二世紀，教宗和皇帝之間爆發了關於神職人員敘任權的紛爭（敘任權鬥爭）。教宗對於皇帝任命神職人員一事面有難色。這起紛爭於一一二二年獲得解決，教宗最後保留了敘任權。

就這樣，烏特勒支主教的敘任便由管理教會的神職人員手握決定權。結果後來地方上一群具影響力的貴族，因為主教寶座的問題相持不下，這時當地的一名大商人也插手其中。烏特勒支從那時起便是一個以商業和工業蓬勃發展的城市，所以大商人的發言具有很大的影響力。儘管烏特勒支主教領地因為這些紛爭而逐漸勢弱，但是它還是存續到十六世紀上半葉。

此外，烏特勒支直至今日仍然是荷蘭天主教會的中心地。

沒有統治者的領地!?

雖然荷蘭伯爵領地和烏特勒支主教領地的統治者立場不同，但是兩地的領主都掌握權力，統治著這片土地。相較於此，弗里斯蘭的情況卻大不相同。

誠如前文所述，居住在弗里斯蘭的人們（弗里斯蘭人）自古以來就有強烈的獨立意識，反抗過羅馬人及日耳曼人。有時它是由法蘭克國王任命的領土型國家君主所統治，只是這段時期並不長久。依據記錄留下來的描述顯示，十一世紀是由神聖羅馬帝國的貴族擁有弗里斯蘭，只是不清楚是否曾經實際統治過。

由於沒有明確的統治者，與弗里斯蘭相鄰的荷蘭伯爵和烏特勒支主教便聲稱擁有弗里斯蘭的所有權，所以當時的神聖羅馬皇帝任命二人為弗里斯蘭的共同統治者。話雖如此，弗里斯蘭人還是頑強地反抗，最後統治只是流於形式。雖然歷代的荷蘭伯爵試圖在實質上統治弗里斯蘭，多次出兵，只是最終都無法征服。

就像這樣，弗里斯蘭並沒有真正的領主，一直像一個獨立的國家。不久之後，發生了一些事情改變了這種情形。大約從十二世紀下半葉開始，隨著氣溫升高，海水開始越過沿海的沙丘（堤防）流入內陸地區。尤其在一一七〇年海水湧入得特別厲害，將北海與內陸的弗萊福湖連接起來，形成了一個海灣（須德海）。

海水湧入的情形持續到了十三世紀，隨著須德海進一步擴大，弗里斯蘭被分裂成東西兩部分，因此在弗里斯蘭人之間造成了很大的損害。荷蘭伯爵趁此機會入侵並占領了弗里斯蘭西部。另一方面，弗里斯蘭東部沒有領主的情形則一直持續到十六世紀上半葉。

被法國諸侯攻占

各個領土型國家原本處在神聖羅馬帝國的統治之下，但是這種情形在十五世紀出現重大變化。誠如第37頁所述，荷蘭伯爵領地的新領主為法蘭西王國（瓦盧瓦王朝）的諸侯勃艮第公爵菲利普三世。

勃艮第公國（瓦盧瓦王朝）的起源可追溯到十四世紀。在主要由法國王室與英格蘭王室爭戰的百年戰爭中，法國王室分支的一號人物大顯身手，被授予領地作為獎勵，勃艮第公國便成立了。隨著勃艮第公爵陸續擴張領土的期間，他與他的主君法國王室形成敵對狀態，而且他的勢力甚至強大到雙方和解後，使得百年戰爭在一四五三年真正迎來結束。

在百年戰爭爆發的同一時間，菲利普三世將已經到手的法蘭德斯地區（現在的荷蘭西南部、比利時西部、法國東北部的地區）作為立足點，並在十五世紀上半葉

15世紀下半葉的勢力範圍

將埃諾伯爵領地、布拉邦公國領地（現在的比利時中北部與荷蘭北部的布拉邦省一帶）、荷蘭伯爵領地、澤蘭伯爵領地併入勃艮第公國。

一四五五年，菲利普三世讓自己的兒子成為烏特勒支主教，因此烏特勒支主教領地實質上也落入了他的統治之下。就這樣，原本屬於帝國統治的幾個領土型國家，都變成了勃艮第公爵家族的管轄範圍。包括法蘭德斯地區這些地方，為了與勃艮第公國作區別，因此被稱為「尼德蘭」（Netherlands），意指「低地國家」，日後在荷蘭建國時，才會以此命名。

接下來，本書也會在表示該地區時使用尼德蘭這個名稱。

領地人民俘虜了君主

菲利普三世於一四六七年去世後，由他的兒子大膽查理（Charles le Téméraire）繼位。隨後，當時的法國國王策劃推翻強大的勃艮第公爵，因此雙方形成對立。與王室敵對的大膽查理密謀獨立，將自己的獨生女瑪麗（Marie）嫁給神聖羅馬皇帝的繼承人馬克西米連（Maximilian）。這是因為他打算以皇帝為後盾，讓人承認他是一國之王（＝獨立）。

除此之外，大膽查理還試圖透過名義上統治弗里斯蘭，藉此擴大自己的勢力範圍，後來便與法國王室之間爆發戰爭。結果，大膽查理在一四七七年戰死，勃艮第公國戰敗。

戰後，瑪麗繼承了勃艮第公國，可是由於大部分的領地都被法國國王接收，勃艮第公國實際上已經消失了。然而，瑪麗身為勃艮第公爵的地位仍舊存在，而且繼承了尼德蘭。同年瑪麗與馬克西米連結婚，由馬克西米連繼承勃艮第公爵頭銜。馬克西米連出身的哈布斯堡家族，是以交通樞紐的奧地利為根據地，自十五世紀中葉起幾乎獨占神聖羅馬皇帝地位的名門望族。

一四八二年，瑪麗因落馬而喪命。瑪麗與馬克西米連生了幾個孩子，勃艮第公爵的頭銜由長子費利佩（Felipe）繼承，馬克西米連輔佐在側。

馬克西米連是一個英勇善戰的人，他為了奪回被法國國王接收的勃艮第公國領地，於一四八八年向法國宣戰。然而，當他為了籌措戰爭資金而徵稅時，導致尼德蘭領地人民的不滿而引發暴動，結果將馬克西米連幽禁，並要求他承諾與法國保持和平，以作為釋放他的條件。暴動在一四九二年遭到鎮壓，隔年馬克西米連與法國國王之間簽署了和平協議。

尼德蘭統一

一五〇八年成為神聖羅馬皇帝的馬克西米連（馬克西米連一世）為了擴大勢力範圍，推動與外國具影響力的人士聯姻。比方說，他讓長子費利佩與卡斯提亞國王伊莎貝拉一世（Isabel I），和亞拉岡國王斐迪南二世（Fernando II）的次女胡安娜（Juana）結婚。順帶一提，當時的卡斯提亞王國和亞拉岡王國組成聯盟，西班牙王國就是由這個共主邦聯組成的。

不久之後，身為王位繼承人的胡安娜兄姐繼去世，一五〇四年胡安娜成為卡斯提亞國王，開始與菲利普（即為卡斯提亞國王的費利佩一世）共同統治。這意味著，尼德蘭成為哈布斯堡王朝的領地，同時也成為了西班牙的領地。

在即位兩年後的一五〇六年，費利佩一世猝死。而且胡安娜也因為精神狀態惡化而遭到幽禁。由於兩人的繼任者查理五世（Karl V）還年幼，所以由祖父馬克西

尼德蘭的君主（13～16世紀）

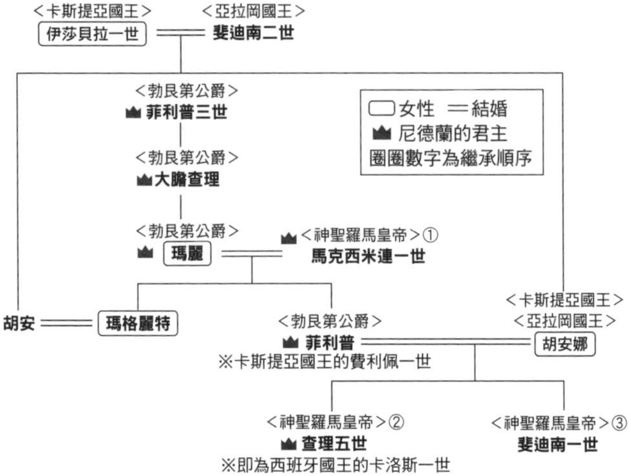

米連一世（Maximilian I）攝政，並且讓他自己的女兒瑪格麗特（Margarete）代理攝政，任命她為總督統治尼德蘭。

瑪格麗特與她的哥哥費利佩一世（Felipe I el Hermoso）一同前往西班牙，並與西班牙的王位繼承人結婚。大約半年之後她的丈夫便因病去世，於是她回到父親身邊並再婚，只是她很快又失去了丈夫。此時，瑪格麗特曾代替無心管理領地的丈夫統治得十分順利，因此讓父親認可她的才能，後來才會讓她掌管尼德蘭。

查理五世在瑪格麗特的撫養下，於

一五一六年登上王位，成為西班牙國王卡洛斯一世。三年後，馬克西米連一世去世，他便成為神聖羅馬皇帝。這位查理五世的統治區域廣大寬闊，除了以奧地利大公國為中心的神聖羅馬帝國、西班牙王國（包括南美洲大陸的部分地區），甚至內含尼德蘭。

成為皇帝的查理五世，開始在他曾經居住過的尼德蘭擴大支配範圍。一五二四年吞併了過去無法統治的弗里斯蘭，並於一五二八年吞併了烏特勒支主教領地。一五四三年他將抵抗到最後的海爾德公爵領地納入統治版圖。因此，尼德蘭的十七個地區（省）全部（大致相當於現在的荷蘭、比利時、盧森堡）都落入了查理五世的控制之下。一五四八年，帝國法律規定尼德蘭是由十七個省組成的單一個體，日後不再分割，由哈布斯堡王朝繼承。

議會政治的開端

將話題拉回勃艮第公爵菲利普三世統治尼德蘭的十五世紀。

菲利普三世的目標是實現中央集權，試圖統一許多領土型國家林立的尼德蘭，並致力於政治改革。一四三五年他強化了司法機關，同時設置由貴族與市民組成的評議會。一四六四年，從尼德蘭各地集結代表召開了議會。這是尼德蘭首次全國規模的議會（全國議會），這次被視為荷蘭議會政治的開端。

菲利普三世的繼任者大膽查理也經常召開全國議會，並議定設置一個機關

來統一管理司法及財政。

隨著大膽查理戰死，瑪麗於一四七七年試圖繼承尼德蘭時，全國議會以承認繼承為條件，要求撤銷大膽查理的鎮壓政策。

而且荷蘭和澤蘭還迫使瑪麗同意下述權限：①在沒有君主命令下得以召開全國議會、②未經全國議會許可不得發動戰爭、③廢除高等法院和全國會計院，後來獲得了極大的自治權。

這些決定在歷史上稱作「大特權」，後來成為建立共和國的政治基礎。

圩田擴大，都市增加

九世紀以後，人們在開墾位置較高的濕地時，建設排水溝，設法讓水自然排到地勢較低的地方，開拓出圩田。

隨著時間的推移，大約從十世紀後半葉開始，在各個領土型國家的君主主導下，持續推動圍墾。第35頁介紹中，由荷蘭伯爵開發的土地就是其中一例。然而，開墾後的土地多數都是泥炭地（泥炭堆積而形成的土地），經排水後會引發地層下陷，導致滿潮及河川氾濫的危害，大面積的土地將會淹沒。因此人們便開始築起堤防，以保護圩田不會遭受水災。後來據說在一一〇〇年至一三〇〇年期間，總共修築了長達數百公里的高大堤防及水壩（一種設置於河川以減緩水流的堤防）。

此外，由於地層下陷導致難以將水自然排出，於十三世紀左右從神聖羅馬帝國導入了風車。最初風車一般是用來磨製麵粉，後來才發現它可以用作排水（用來抽水）的動力。而且，第一個用於排水的風車，推測是在一四〇七年左右建於須德海附近的地方（現在的北荷蘭省城市阿爾克馬爾）。

十六世紀風車經改良後，頂部的葉片可迎合風向轉動，提升了排水能力，從此以後，便開始進行更大規模的圍墾。

現在荷蘭的首都阿姆斯特丹，也和圍墾有著深厚的淵源。阿姆斯特丹原本只不過是阿姆斯特爾河河口的小漁村，但是在一二五〇年左右在河口修築了水壩。不久之後因為一二八七年的一場大洪水形成了一個海灣（須德海），於是阿姆斯特丹就變成位於海灣的後方。而且當始自海灣直到北海的航路建立後，阿姆斯特丹隨即被視為連接海洋與陸地的貿易場所。在這之後，持續進行治水及圍墾的工作，形成都市，並逐漸發展成代表歐洲的城市。此外，阿姆斯特丹這個名稱來自於「建築在阿姆斯特爾河的水壩」。

如今在荷蘭人口僅次於阿姆斯特丹，擁有歐羅波特（鹿特丹港）的鹿特丹（現在的南荷蘭省城市），也是源起於十三世紀在鹿特河上修築的水壩。它的名稱來自於「鹿特河的水壩」。十四世紀由荷蘭伯爵授予自治權，城市開始顯著發展起來。

發展成貿易城市

耕地面積因圍墾而擴大之後，隨著糧食產量增加，人口也增加了，除了在阿姆斯特丹和鹿特丹之外，在尼德蘭各地都形成了城市。然而，十四世紀不僅有腺鼠疫（黑死病）在整個歐洲大爆發，而且還因為小冰河時期導致地球變得愈來愈冷，造成糧食產量減少。在這些因素疊加之下，有一種說法是整個歐洲失去了四分之一至三分之一的人口。

尼德蘭也不例外，位在馬斯垂克建於十三世紀現存最古老的城門（參閱第27頁），便能告訴我們當時的情況。當時的馬斯垂克是一個貿易據點，人來人往十分熱鬧，瘟疫在這時來襲。據說感染者經由這座城門被帶出城外，隔離在城郊的設施當中，有許多人喪命。因此，這座城門也被稱作「Helpoort」（地獄之門）。

鼠疫大爆發導致歐洲的農業人口不斷減少。即使在這種嚴峻狀態下，以神聖羅馬帝國領地內的呂貝克（現在的德國城市）為盟主的城市聯盟（漢薩同盟），於十四世紀達到顛峰。漢薩同盟是以波羅的海和北海為中心建設經濟區，除了想讓漢薩城市（加盟城市）之間的貿易更便利之外，當海盜出沒時或是漢薩城市被其他國家侵略時，每個漢薩城市還有能力足以動員軍隊。

在相當於現在荷蘭的地區，位在艾瑟爾河沿岸的茲沃勒（現在的上艾瑟爾省首府）以及代芬特爾（現在的上艾瑟爾首府）等地，過去都是漢薩城市。儘管阿姆斯特丹並沒有加入漢薩同盟，不過它還是一個貿易中繼點，漢薩城市的商品都在這裡進行交易。

進入十五世紀後，隨著漢薩同盟的影響力減弱，阿姆斯特丹便取而代之成為波羅的海的貿易中心。人口持續成長，並發展成尼德蘭屈指可數的大都市。此外，在二〇〇二年之前一直是荷蘭王國貨幣單位的荷蘭盾（Dutch guilder），也是在經濟發達後的十五世紀左右開始使用。

耐人尋味的荷蘭偉人①

領先時代的畫家

耶羅尼米斯・波希

Hieronymus Bosch

（約 1450～1516 年）

被視為超現實主義的起源

14 世紀始於義大利的文化運動文藝復興遍及整個歐洲，來自斯海托亨博斯（現在的北布拉班特省首府）的畫家波希也受其影響。

波希的本名是范阿肯（Van Aken），他的作品多數都是奇幻的宗教畫。其中最具代表性的作品《人間樂園》，以獨特的筆觸描繪了怪物以及異形的動植物等。波希這種畫風也被視為是超現實主義（Surréalisme）的起源，這是由來自西班牙的畫家薩爾瓦多・達利（Salvador Dalí）、來自比利時的畫家雷內・馬格利特（René Magritte）於20世紀展開的藝術運動。

在大約16世紀中葉至17世紀上半葉這段期間，以《巴別塔》等代表作而聞名的畫家老彼得・布勒哲爾（Pieter Bruegel de Oude），也是受到波希的影響。

chapter 2

為了自由而戰

對宗教改革的影響

自十六世紀的宗教改革之前，在尼德蘭就已經出現了呼籲基督教改革的人物。其中具代表性的人物，就是活躍於十四世紀後半葉，來自代芬特爾（現在的上艾瑟爾省城市）的神學家格特・格羅特（Gerard Groote）。他提倡「devotio moderna」（新信仰）的宗教運動，認為人們應像修道士一樣日日祈禱、勤勞工作，並由這個廣受民眾支持的運動形成了宗教團體。

隨著這個運動蔓延之後，在共同生活中實踐勞動與信仰的「共同生活弟兄會」，開始於各地開辦並興建了學校。共同生活弟兄會的成員之一，隸屬於宗教團體的思想家托馬斯・肯皮斯（Thomas à Kempis），由他所撰寫關於信仰的著作《師主篇》（De Imitatione Christi）舉世聞名。

思想家伊拉斯謨（Erasmus），同樣畢業於共同生活弟兄會開辦的學校。伊拉斯謨約在一四六六年出生於鹿特丹。他在一五一一年出版的著作《愚人頌》（In Praise of Folly）中譴責當時教會的腐敗情形，諷刺並批評天主教神職人員是偽善者。

伊拉斯謨與日本也有著奇妙的關係。在栃木縣佐野市的龍江院裡，有一個被指定為日本重要文化財的西洋人木雕像「傳貨狄像」傳承下來。當初它是被固定在荷蘭船慈愛號的船尾，於一六〇〇年漂流至日本。經調查顯示，這座木雕像就是以伊拉斯謨為原型，而且這艘船在改名為慈愛號之前，它的名字就叫作伊拉斯謨號。

有一位德國的神學家路德（Luther），與伊拉斯謨號幾乎生在同一個時代。

一五一五年，當時的教宗為了籌措建造聖伯多祿大殿的資金，同意發行可證明今世所犯之罪將被赦免的證書（贖罪券又稱赦罪券），並開始販售。路德對這種贖罪券到憤怒，主張《聖經》中宣揚的信仰才是正確的行為（聖經中心主義），並於一五一七年向教會提出抗議（Protest）。

路德的想法得到許多人的支持，不久後便掀起了宗教改革的巨大浪潮。為路德思想帶來影響的人之一就是伊拉斯謨，關於宗教改革甚至有一種說法是，「伊拉斯謨下了蛋，路德孵了蛋」。

由於宗教改革的關係，與羅馬天主教和東正教並列為基督教潮流、思想之一的新教誕生了。主要有以下三大理念及教義：①人唯有信仰才能得救、②信仰的基礎只記載於《聖經》中、③神職人員與信徒之間沒有區別。

以這三大原則為基礎的新教存在各種教派，諸如以路德的主張為教義的路德教派，還有以法國神學家喀爾文（Calvin）的主張為教義的喀爾文教派。

喀爾文宣揚神的意志是絕對的，一切事情都是神預先決定的，與人的意願無關（預定論）。此外，在喀爾文的教義中也提出一種想法，努力工作所獲得的利息和財富是被認同的，因此喀爾文教派主要獲得了商人的支持。

這股宗教改革的浪潮，很快就在對羅馬天主教會感到不信任的歐洲貴族中蔓延開來。隨後，喀爾文教派也滲透到商人為數眾多的尼德蘭。

鎮壓過激的新教徒

一直以天主教守護者自居的查理五世（參閱第46頁的圖表），羞愧地注視著席捲尼德蘭的宗教改革浪潮。一五二一年他召來路德詢問他的本意，但是路德並沒有改變他的想法，於是他被剝奪在帝國的所有權利，他的作品也成為了禁書。不僅如此，路德教派還被視為異端，從此以後，新教徒開始受到鎮壓。

一五二二年，尼德蘭設置了宗教裁判所，著手審判對天主教信仰持有反對思想的人，新教的知識分子開始受到鎮壓。儘管如此，在尼德蘭的新教徒人數仍持續增加，因此查理五世在一五五〇年發出公告，將新教徒處死。

另一方面，於一五五五年召開的帝國會議上，由於查理五世做出讓步，路德教派得到正式承認，德國以及其周邊地區的領主實際上被允許宗教自由。只不過，在尼德蘭仍然禁止天主教以外的信仰，新教持續受到鎮壓。

一五五六年查理五世退位。據說他自一五二一年以後，因為義大利的問題與法國交戰，再加上宗教改革引發的多場戰爭同時並行，導致他身心俱疲而退位。此後，進行了分割繼承，分別由菲利普與胡安娜（參閱第46頁的圖表）的兒子斐迪南一世（Ferdinand I）繼承了神聖羅馬帝國，由查理五世的兒子費利佩二世（Felipe II）繼承了尼德蘭及西班牙。從此以後，前者由奧地利哈布斯堡王朝繼承，後者由西班牙哈布斯堡王朝繼承。

即使在費利佩二世即位為西班牙的國王之後，與法國的戰爭仍然繼續著，為了籌措戰爭資金，進而向尼德蘭的人民增稅。一五五九年，費利佩二世結束與法國的戰爭後返回西班牙。除了任命同父異母的姐姐瑪格麗特（Margarethe）為荷蘭全境的執政官外，他還讓荷蘭的大貴族奧倫治公爵威廉一世（Willem I）擔任荷蘭、澤蘭、烏特勒支三省總督，讓埃格蒙特伯爵擔任二省總督，委由他們統治尼德蘭。但是在現實中，費利佩二世卻將實權交給了他最愛的家臣。而且當費利佩二世增加尼

奧倫治公爵的繼承（16～17世紀）

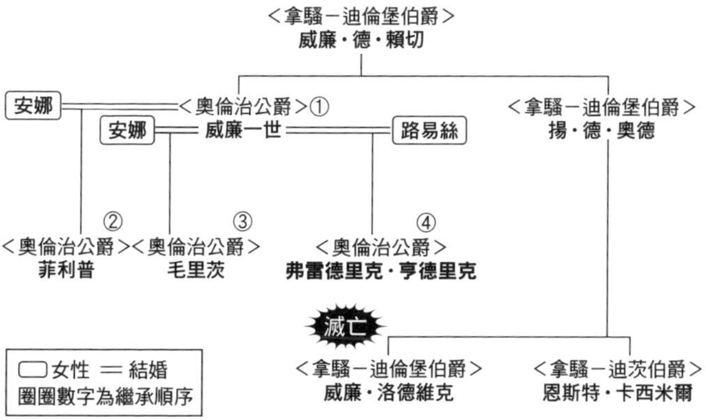

德蘭的教區數量時，一定會安置一位該地統治者所支持的外國人神職人員。

面對一連串以西班牙利益為第一的人事安排，包含尼德蘭的貴族、人民及神職人員群起反對之後，費利佩二世便將他鍾愛的家臣召回西班牙。因此，尼德蘭的貴族開始與瑪格麗特共同執政。

前文提到的威廉一世是來自德國拿騷－迪倫堡家族的長子，生於一五三三年。他從已故的表哥繼承了法國南部的奧倫治公國與尼德蘭的領地，成為了奧倫治公爵。現在荷蘭的國家代表色為橘色，據說就是因為奧倫治（Oranje）一詞意指「橙色」，同時也因為奧倫治公國以生產柳橙聞名的關係。

威廉一世繼承時年僅十一歲，因此在布魯塞爾（現在的比利時首都）的神聖羅馬帝國皇宮中長大，成年之後便在查理五世手下當官。由於他的雙親都是路德教派，所以他自己也是路德教徒，但是在歷經皇宮生活後改信天主教。大概是在這樣的背景下，他對宗教信仰持寬容態度，反對費利佩二世對新教的鎮壓。

一五六五年時，埃格蒙特伯爵為了向費利佩二世訴求強化尼德蘭貴族的政治權威與緩解對新教徒的鎮壓，因而前往西班牙。只不過，費利佩二世並沒有允諾他的訴求。

隔年的一五六六年，多達四百名的中小貴族向瑪格麗特提交請願書，要求放寬宗教裁判所與召開全國議會。此時，瑪格麗特的手下鄙視群聚的貴族，稱他們為「Geusen」（乞丐）。然而，貴族們卻以這個稱呼為榮，從此以後，開始稱自己為

「丐軍」。民眾也響應丐軍的運動，在各地展開了破壞天主教教堂及修道院等運動。

一五六七年，費利佩二世判斷無法靠瑪格麗特完全壓制運動，於是將一萬多名士兵，派給他的心腹阿爾瓦公爵費爾南多・阿爾瓦雷斯・德・托萊多（Fernando Álvarez de Toledo），前進到尼德蘭。阿爾瓦公爵是一位人稱「鐵公爵」的勇者，明顯會鎮壓批評費利佩二世政策的貴族，實行恐怖統治。

八十年戰爭爆發

阿爾瓦公爵於一五六七年抵達布魯塞爾後便設立了暴亂評議會（在法院外舉行的特別法庭），並逮捕了埃格蒙特伯爵和霍恩伯爵。對此感到憤怒的瑪格麗特，辭去了尼德蘭的執政官職務，由阿爾瓦公爵繼任。儘管威廉一世並未出席，但是他的財產遭到沒收，長子菲利普還被帶到西班牙。後來參與破壞活動的人也都遭到逮捕。這個暴亂評議會導致八千多人喪命，其中包含埃格蒙特伯爵和霍恩伯爵等二十多名具影響力的貴族，所以也被稱作「血腥評議會」。而且在費利佩二世的命令下，阿爾瓦公爵還試圖向貴族及富人等徵收新稅。

面對西班牙這種殘暴且壓迫的行為，尼德蘭的人民群起反抗。逃亡至德國拿騷的威廉一世，得知自己也在暴亂評議會中受到處分後勃然大怒，於一五六八年舉兵攻入北布拉班特省。這次的舉兵，據說就是日後持續了八十年的「八十年戰爭」的開端。

然而，威廉一世在這場戰爭中敗北，逃往了法國。隨後，他為了再次進軍尼德蘭，於是與胡格諾派（滲透到法國的喀爾文教派的名稱）聯手。

八十年戰爭是為了反抗西班牙的暴政而開始的，但是它也有喀爾文教派與天主教之間宗教對立的一面，以及即將爆發的荷蘭獨立戰爭的一面。話雖如此，由於這場戰爭的核心人物威廉一世為天主教徒，因此無法明確定位成宗教戰爭，而且這場戰爭的目的也不是為了脫離西班牙獨立。

丐軍的逆轉攻勢

西班牙軍隊在陸地上的戰鬥中處於壓倒性的優勢，因此出現一些人逃往海上，襲擊西班牙的商船。他們被稱為「Watergeuzen」（海上丐軍）。威廉一世頒授特許狀給這些海上丐軍，並視為公認的海盜船，給予他們對西班牙船隻進行海盜行為的正當理由。

海上丐軍在一五七二年四月時，占領了默茲河口的港口城鎮布里勒（現在的南荷蘭省城市）作為據點。並以此為開端，荷蘭省的其他城市也陸續變成海上丐軍的據點。

同年，荷蘭省和澤蘭省召開省議會，再次任命威廉一世為省總督，確定了反西班牙的立場。成為省總督的威廉一世將海上丐軍編入各省的海軍，致使海上丐軍消滅，丐軍成為反西班牙勢力的統稱。

這時候，威廉一世將荷蘭省的大部分地區、澤蘭省的部分地區、弗里斯蘭省、海爾德蘭省、上艾瑟爾省的多座城市，從西班牙軍隊手中解放了。眼看威廉一世率領的勢力正一直壓制西班牙軍隊，除了荷蘭省和澤蘭省以外的省分也開始加入與西班牙的戰爭。

一五七三年，已經包圍荷蘭省阿爾克馬爾（現在的北荷蘭省城市）的阿爾瓦公爵軍隊，遭到丐軍的反擊後敗退。除了這次敗北，費利佩二世認為課稅導致人民不滿的情況是一大失策，於是撤換了阿爾瓦公爵，並派遣曾為米蘭總督的勒克斯森（Requesens）。成為新任執政官的勒克斯森，不但廢除徵收新稅與宗教裁判所，更試圖解決僵局，於是與丐軍進行和平談

當時的日本

自15世紀中葉持續戰亂的時代，在織田信長出現後迎來重大轉折。信長於1568年進入京都掌握實權，1573年驅逐室町幕府第十五代將軍足利義昭，室町幕府實質上滅亡。後於1582年在本能寺之變喪生。

判，卻以失敗告終。

勒克斯森於一五七六年猝死後的幾個月期間，執政官職位空缺，並且延遲支付士兵的薪水。因為這個原因，西班牙軍隊失去控制，西班牙士兵在各地進行破壞和掠奪行為。尤其是在主要貿易據點的安特衛普（現在的比利時城市，Antwerp），有超過七千名市民喪命。這起事件在歷史上被稱為「西班牙軍隊暴行」。由於這場動亂，導致尼德蘭人民對西班牙的仇恨。

聯盟迅速瓦解

一五七六年十一月，在西班牙軍隊的暴行過後，各省代表響應布拉邦省議會的號召，在根特（現在的比利時西北部城市）齊聚一堂，召開全國議會。

十七個省在議會上團結一致，採納了國王費利佩二世的宣言。①西班牙軍隊從尼德蘭撤軍、②廢除宗教裁判所、③承認荷蘭省與澤蘭省享有宗教自由，其他省分以天主教信仰為基礎，但是盡力以寬容的態度接納新教徒、④有權未經國王同意召開全國議會。上述這些內容，統稱為《根特協定（和約）》。威廉一世在和約中特別強力要求的，就是對宗教信仰的寬容，無論是天主教或新教。

尼德蘭（16世紀後半葉）

費利佩二世同父異母的弟弟，勒克斯森的後繼者唐・胡安（Don Juan）接受了根特協定，並撤出了西班牙軍隊。然而，唐・胡安於一五七八年病逝，並由費利佩

二世的侄子帕爾馬公爵法爾內塞（Farnese）成為新任執政官。

話說回來，出於對西班牙的仇恨情結而簽署和約才團結起來的十七個省分，竟然很快就瀕臨瓦解。一五七九年一月，由於帕爾馬公爵的離間作為，尼德蘭南部各省組成「阿拉斯聯盟」，並違背和約。因為南部原本就是天主教占多數，對於要求完全享有宗教自由的喀爾文教派感到厭惡，再加上他們也不信任在一五七三年改信喀爾文教派的威廉一世。

為了對抗阿拉斯聯盟，響應威廉一世的號召，喀爾文教派較多的北部七個省分於

一五七九年一月組成了「烏特勒支同盟」。在烏特勒支同盟的規約中記載著，宗教問題可由各省自行解決，因此荷蘭省與澤蘭省禁止天主教，只允許喀爾文教派。據說考慮與天主教共存的威廉一世，不情願地接受了這項規約。

隨著兩個聯盟的成立將尼德蘭分裂之後，根特協定岌岌可危，反西班牙的烏特勒支同盟，與親西班牙的阿拉斯聯盟，從此走上了不同的道路。

聯邦共和國成立

君主缺席，再加上這段期間，由帕爾馬公爵率領的西班牙軍隊再次入侵尼德蘭南部，威廉一世成為君主的局勢日益增強。起初堅決辭退的威廉一世，由於眾人熱切渴望，於是逐漸傾向接受。

就在這段期間，威廉一世於一五八四年七月十月在代爾夫特（現在的南荷蘭省城市），被一名衷心欽佩費利佩二世的法國人天主教徒槍殺身亡，享年五十一歲。

這次被視為是史上第一次，身為國家領袖的人物遭到槍殺。此外，威廉一世被葬於代爾夫特的新教堂，而新教堂也成為他的後裔荷蘭王室的墓地。

威廉一世以尼德蘭領導人之姿，與大國西班牙交手，奠定下荷蘭的基礎，因此被視為「祖國之父」，如今仍深受荷蘭人敬愛。除此之外，創設荷蘭屈指可數的最高學府萊登大學，也是他的一大功績。創設於一五七五年的萊登大學，除了荷蘭王室成員之外，還有許多荷蘭代表性的科學家及政治家輩出。

隨著威廉一世的去世，失去領導人的烏特勒支同盟開始動搖。此時需要一位新的領導人，雖然在一五八五年一月請求亨利三世（Henri III）成為君主、在六月請求英格蘭的伊莉莎白一世

（Elizabeth I）成為君主，卻都遭到雙方拒絕。儘管伊莉莎白一世沒有接受請求，但還是答應在幾座城市及要塞駐紮英格蘭軍隊，並以執政官的身分派遣了臣下隨同英格蘭軍隊。只不過，這位執政官並沒有在軍事上展現任何成果，而且他試圖統制當地商人所採取的高壓態度，招致烏特勒支聯盟的反感，英格蘭軍隊在大約一年半後便撤回了。

事情已經發展到了這個地步，烏特勒支聯盟放棄以外國人為君主的念頭。隨後，各省以省議會為主權者，而非單一君主，摸索著以烏特勒支聯盟規約作為實質上的憲法，建立一個國家。後來在荷蘭省的城市海牙（現在的南荷蘭省首府）設置了聯邦議會，作為各省代表齊聚一堂討論議題的場所。就這樣，「荷蘭共和國」便在君主缺席的狀態下成立了。

從沒有明確宣布獨立或建國的事實即可看出，聯邦共和國是「順其自然」下誕生的。

新總督的改革

雖說荷蘭共和國（此後稱為荷蘭）成立了，但是與西班牙的爭戰並未結束。而且威廉一世死後，在西班牙被扣為人質的長子菲利普（Philip），與其同父異母的弟弟毛里茨（Maurits）及弗雷德里克（Friderik）發生衝突後，繼承了奧倫治公爵（參閱第61頁的圖表）。雖說如此，菲利普是西班牙這邊的人，未曾踏上過荷蘭的土地，他的地位只是名義上的。另一方面，在戰爭中落敗的毛里茨，卻在一五八五年成為了荷蘭省和澤蘭省的總督。

毛里茨還被聯邦議會任命為陸海軍的最高司令官，並指揮軍隊與帕爾馬公爵領導的西班牙軍隊交戰。毛里茨成為最高司令官後，致力於軍事改革，包含創設常備軍、制定軍法、強化紀律等等。除此之外，他除了建立砲兵隊及工兵隊等專業部隊，還統一武器規格、增加火槍手數量、引進野戰炮。透過這一連串的改革，有時還被稱為軍事革命，荷蘭陸軍脫胎換骨成為現代軍隊，在與西班牙軍隊的戰爭中逐漸展現它的實力。

西班牙軍隊在一五八五年的時候，占領了尼德蘭南部的邊界一帶，而且還對曾為尼德蘭首屈一指的工商業城市安特衛普展開攻擊。因此，新教徒的工商業者紛紛從包含安特衛普在內的荷蘭南部離開，許多人移居到阿姆斯特丹等地的荷蘭北部，使該地蓬勃發展。

而且西班牙軍隊還在一五八八年，派出艦隊前往一直在支援荷蘭軍隊的英格蘭，卻敗給了英格蘭艦隊（無敵艦隊之戰）。從此以後，

西班牙在海上的勢力出現衰退。此外，由天主教與新教的衝突引發開端的法國內戰胡格諾戰爭（一五六二至一五九八年）期間，帕爾馬公爵站在天主教這邊加入戰爭（於一五九二年戰死）。

隨著強敵帕爾馬公爵離開前線之後，在毛里茨指揮下的荷蘭軍隊捲土重來，開始陸續奪回被西班牙軍隊占領的領土。荷蘭軍隊的勢力會東山再起，帕爾馬公爵的缺席並不是唯一的原因。一五九六年，與英格蘭和法國簽署的三國同盟發揮了重要作用。因為隨著這個同盟成立，荷蘭被英格蘭和法國承認為一個「獨立國家」。

休戰後國內卻相持不下

一五九八年，仇敵費利佩二世去世，他的兒子費利佩三世（Felipe III）成為西班牙國王。身為衰敗大國國王的費利佩三世，在三國同盟的壓力下，尋求與荷蘭進行和平談判。隨後的一六〇九年，在荷蘭省法律顧問、手握荷蘭實權的奧爾登巴內費爾特（Oldenbarnevelt）努力之下，兩國之間簽署了停戰協定。奧爾登巴內費爾特與國王威廉一世一起參與了獨立運動，他也是對前文所述三國同盟的成立貢獻良多的人物。

在這項協定中作出了幾項規定，包含停戰十二年、在簽署協定當下實際控制的地區屬於各自的領地、儘管只是在協定履行期間西班牙仍須承認荷蘭的主權。

看起來似乎終於恢復和平了，只是接下來荷蘭國內的紛爭卻浮上檯面。當時，國內的喀爾文教派分成三派：嚴格派、穩健派以及占多數的中間派。嚴格派有很多牧師都是從南部十個省分移居而來，一直期望繼續戰爭以奪回南部十個省分。相對穩健派則是堅守立場贊成停戰，並得到了享有貿易利益的貴族及商人的支持。

在這樣的對立局勢形成之下，一六〇四年同為萊登大學神學教授的穩健派阿米尼烏斯（Arminius），與嚴格派的戈馬爾（Gomarus）針對預定論（參閱第58頁）的教義相持不下。站在否定立場的阿米尼烏斯主張應作更彈性的解釋，反觀戈馬爾則主張應作嚴格的解釋。

當這場衝突被人帶入政治場合後，毛里茨支持嚴格派，而奧爾登巴內費爾特和法學家格老秀斯（Grotius）則支持穩健派，導致這場紛爭發展成荷蘭領導人之間的衝突。此時，中間派並未表明立場，決定觀望。

在這裡出現的格老秀斯這號人物，一五八三年出生於代爾夫特。十一歲進入萊登大學，十六歲便成為律師自立門戶，頭腦十分聰明。他二十幾歲時撰寫的《海洋自由論》（Mare Liberum, sive de jure quod Batavis competit ad Indicana commercia dissertatio）中，提倡每個人都能自由地進行海上通行及貿易，年紀輕輕便奠定了身為當時期具代表性的法學家地位。

不久後嚴格派與穩健派的對立加劇，變成一觸即發的狀態。就在這段期間，毛里茨於一六一八年突然逮捕了奧爾登巴內費爾特、格老秀斯及其合作者。此外，阿米尼烏斯於一六〇九年去世，自此以後穩健派便被稱為阿米尼烏斯教派。

據說在一六一九年召開法庭審判遭到逮捕的人，奧爾登巴內費爾特因叛國罪被判處死刑（同年執刑），格老秀斯被判處終身監禁。一六一八年十一月召開了一場會議（多德勒克全國教會會議），英格蘭及德國等地的喀爾文教派學者也參加了。經過這場會議，阿米尼烏斯教派被視為異端，該教派的許多牧師遭驅逐出境。話雖如此，即使趕走了阿米尼烏斯教派，由於嚴格派仍屬少數，中間派健全完好，所以還不至於掌握主導權。

在多德勒克全國教會會議上，也決定將《聖經》翻譯成本國語言，今日荷蘭語的基礎就是依據這樣編製而成的《聖經》所形成的。

除去政敵之後，毛里茨一手掌握政權。一六一八年他同父異母的哥哥菲利普去世後，他便成為奧倫治公爵。

話說回來，遭到監禁的格老秀斯後來成功越獄，逃往了巴黎。當格老秀斯在巴黎得知三十年戰爭的真相後，深感需要制定法律限制國家之間的紛爭。三十年戰爭就是始於一六一八年於德國爆發的宗教戰爭，席捲了整個歐洲。在德國國內的天主教勢力有西班牙撐腰，荷蘭則站在新教勢力這邊。此時，由於法國支持新教一方，導致戰爭陷入泥淖。

戰爭持續期間，格老秀斯於一六二五年出版了《戰爭與和平法》(De jure belli ac pacis)。在這本書中，提倡即便在戰爭期間仍須制定國家之間應遵守的規則。因此在歷史上，格老秀斯被譽為「國際法之父」。在他死後，遺體被安葬在家鄉代爾夫特的新教堂。

八十年戰爭結束

停戰協定到期後，八十年戰爭於一六二一年四月重新開始。大約在這個時候，

前文提到的三十年戰爭也展開了，荷蘭同時面臨兩場戰爭。同年，費利佩三世在西班牙離世，取而代之登上王位的就是他的繼任者費利佩四世（Felipe IV）。

與西班牙重新開始的戰爭持續進行的期間，毛里茨於一六二五年四月過世，他同父異母的弟弟弗雷德里克繼承了奧倫治公爵，成為荷蘭省及澤蘭省等五個省分的總督，並兼任陸軍總司令。

弗雷德里克比起哥哥毫不遜色，有著卓越的軍事才能。當他一攻入長期被西班牙統治的荷蘭南部地區，便奪回了一直被西班牙占領的城市。而且弗雷德里克與他的父親威廉一世一樣，對宗教信仰持寬容態度，因此過去被驅逐出境的阿米尼烏斯教派牧師也回來了。

雖然戰局並非不利於荷蘭，但是他們不可能單獨與西班牙這個大國持續交戰。因此，荷蘭與其他國家簽署了條約。首先在一六二四年與法國簽署條約，隔年與英格蘭簽署條約，加強彼此的關係。一六三五年與法國締結了攻守同盟（《巴黎條約》）。這是一個軍事聯盟，同時也包含將西班牙當時統治的南部各省奪回之後的分割方案。

除此之外，還與瑞典王國、威尼斯共和國、丹麥王國及布蘭登堡邊境伯爵等也簽訂了條約。結果在三十年戰爭中，英格蘭、法國、瑞典等國家以新教勢力參戰後，於八十年戰爭期間成為西班牙對抗荷蘭時無法分派兵力的主要原因。

一六三九年，荷蘭提督特隆羅普（Tromp）擊敗了西班牙艦隊，使荷蘭在戰局上處於優勢。荷蘭沒有錯失這個機會，促使八十年戰爭走向了停戰。

一六四一年，首先與前年剛脫離西班牙取得獨立的葡萄牙王國簽署了停戰協定。

當時的日本

1637年江戶幕府第三代將軍德川家光在位時，島原（今長崎縣）和天草（今熊本縣）人民因重稅和信仰壓制而起義，稱為島原天草起義（島原之亂）。幕府用武力鎮壓後，進一步加強禁教令，並建立鎖國政策。

隨後自一六四三年起，展開和平談判以結束三十年戰爭。與此同時，從一六四六年開始荷蘭與西班牙之間也展開和平談判。在這段期間，弗雷德里克於一六四七年去世，由他的兒子威廉二世（Willem II）成為奧倫治公爵，就任總督兼陸海軍最高司令官，並接管談判。

隔年的一六四八年，荷蘭與西班牙簽署了《明斯特和約》，加上十二年休戰期間，漫長的八十年戰爭終於迎來結束的一天。根據這項條約，西班牙和神聖羅馬帝國正式承認荷蘭為一個獨立國家。此時，曾經被荷蘭占領的布拉邦省北部成為荷蘭領土（相當於現在的北布拉班特省）。同年簽署與《明斯特和約》同時制定的《西發里亞和約》，三十年戰爭也結束了。這項條約被視為全世界第一個現代國際條約，其主要內容包含①承認荷蘭和瑞士的獨立、②承認新教（＝宗教戰爭結束）、③幾乎完全承認德國諸侯的主權等等，大幅重寫了當時歐洲的勢力分布圖。

荷蘭的獨立根據這項條約得到了各國的承認，在國際社會中確立了身為主權國家的地位。

根據經濟實力擁有強大權力

雖然荷蘭已經是一個被正式承認的國家，但是以同時代的國家為基準，它的國家結構卻十分奇怪且複雜。這是因為在十六至十七世紀歐洲各國的政治體制，都是獨一無二的君主以絕對的權力統治議會及諸侯，也就是絕對君主制的時代。相對來說荷蘭並沒有君主，各省的議會都擁有主權。

議會由大多數市議員與少數貴族，加上神職人員所組成。市議員代表省內的城市，其中許多人出自大商人的背景。議會剛成立時，市議員是透過選舉產生的，但是經過權貴家族的交往及聯姻後，變成少數家族的特權世襲制度。這些市議員被稱為「攝政者」，由少數人控制議會，掌管一省的政治。

在各省議會中，會討論並決定省內的行政及立法等事務。以荷蘭省議會為例，由省內十八個城市選出的議員各投一票共計十八票，貴族代表農村投一票，來進行表決。此外，譬如阿姆斯特丹市提供了大約百分之四十四的省市預算，因此比其他城市擁有更大的權限，所以城市之間的經濟差距直接反映在政治的權力平衡上。

主導省議會的，就是總督及法律顧問。法律顧問為官員，原本是負責計票、總結討論內容、記錄的工作。這導致他們不但安排和管理議會，而且還開始以省代表的身分出席全國議會。另一方面，總督則由省議會任命。一般來說它被定位為君主代理人，但是由於當時的荷蘭並沒有君主，所以只是直接保留了官職。總督是一省軍隊的總司令，自一六二五年起荷蘭省總督也兼任荷蘭軍隊的最高司令官。

省的總督由各省決定。從威廉一世開始的奧倫治－拿騷家族一家之主，便擔任荷蘭省及澤蘭省的總督，威廉一世的正支拿騷－迪倫堡家族（滅亡後由拿騷－迪茨家族繼承）一家之主，擔任弗里斯蘭省及格羅寧根省等地的總督。此後，各省的總督基本上都是出自這兩個家族。

總督在和平時期並沒有太大的政治權限。但是，他在戰爭等危急時刻就會更敢於發聲，拿出強大的領導力面對困難。

重要議題須經過與會者一致同意

荷蘭這個國家，是由荷蘭、澤蘭、海爾德蘭、烏特勒支、上艾瑟爾、弗里斯蘭、格羅寧根這七個省，以及因經濟實力不佳且納稅不足而不被承認為獨立省分的德倫特準省，與全國議會的直轄領地所組成。

這片直轄領地是在八十年戰爭後從西班牙手中奪取的，五個地區與南部十個省分在邊界上接壤。該地區以天主教徒居多，被視為與西班牙的緩衝地帶，它就像殖民地一樣的存在，自由與自治大幅受到限制。

省內的問題在省議會上討論便足以，但是關乎整個國家的事情則在全國議會上進行討論。全國議會在海牙的騎士廳（參閱第36頁）舉行，聚集了各省議會的代表。當時，各省派出的代表並沒有限制，所以據說有些代表因座位不夠而直接站著參加。

在全國議會上提出的議題，包括締結條約等外交案件、陸海軍的運用、國家防衛、籌措戰爭資金、向各省徵收國家費用、直轄領地的統治等等。在這當中，關於比較重要的締結條約及國防問題，原則上須要與會者一致通過。因此，討論時經常爭論不休而遲遲無法提出結論。此外，由於各省的代表沒有決策權，所以每當議會爭論不休時，有時還會出現將議題帶回省議會，重新進行討論的情況。

在全國議會中，有著與省議會一樣的問題，即經濟程度代表著各國影響力，國家費用分擔比率愈高，影響力就越大。在這當中負擔近六成的荷蘭省，影響力十分強大，在須要與會者一致通過的重要議題上要做出決議時，荷蘭省代表的想法就會受到重視。可以毫不誇張地說，實質上在主導荷蘭省的就是阿姆斯特丹，荷蘭的國家政治會隨其意向而變化。

荷蘭省的法律顧問也擁有極大的權力。由於荷蘭省議會與全國議會同樣位於海牙，因此荷蘭省的法律顧問，還兼任國家層級的工作，例如收到國外的信件後要起草回信。後來精通國際政治事物的荷蘭省法律顧問，便開始擁有如同一國宰相般的權限。

逃離迫害的猶太教徒

歷經八十年戰爭，一直主導國內政治的喀爾文教派被定為官方教會。原因在於包括擔任省總督的奧倫治家族在內，絕大多數負責政務的攝政者皆為喀爾文教派。擔任長老一職領導各地喀爾文教派教會的人，也是該地區的攝政者。然而，喀爾文教派卻沒有足夠的力量得以壓制其他宗教、教派。因此，各種非喀爾文教派的信徒都移居到荷蘭。舉例來說，就有來自德國及北歐各國的路德教派商人及泥炭礦工。

另一個新教的教派——門諾教派，也在荷蘭傳播開來。門諾教派的特徵是以不打仗、不擔任公職作為教義。攝政者對門諾教派也持寬容的態度。這是因為在門諾教派的信徒當中，許多都是成功的商人，為國內經濟做出了貢獻。

攝取者對與新教相對立的天主教也十分寬容，幾乎不會強迫改變信仰或暴力迫害，並允許在室內的私人禮拜。只要滿足條件，例如向當局繳交一定金額，信徒就可以聚集在一起做禮拜。

對於信仰的寬容態度廣為人知之後，在其他國家遭受迫害的猶太教徒開始移居荷蘭。十六世紀末，被迫從猶太教改信天主教的葡萄牙商人搬遷到阿姆斯特丹後，只要經省議會表決批准宗教自由，即可改信猶太教。此後移居阿姆斯特丹的猶太人也不斷增加，到了十八世紀末，猶太人在阿姆斯特丹十八萬人口當中，便占了一成左右。在這些猶太人當中，有許多人在金融業發了大財，他們都為阿姆斯特丹的繁榮做出了貢獻。

猶太人的社區享有一定程度的自治，並被允許進行婚姻及飲食文化等宗教相關活動。只不過，還是存在一些限制，例如禁止猶太人與基督徒聯姻。

在許多猶太教徒開始定居的阿姆斯特丹，葡萄牙裔猶太人建造了猶太會堂（猶太教堂）。其中一座現存的葡萄牙猶太會堂，於一六七五年竣工，以擁有世界上最古老的猶太教圖書館而聞名。

秘密專欄

荷蘭國旗、國歌

荷蘭和盧森堡的國旗有什麼不同？

荷蘭的國旗為橫向分成三個部分的三色旗，由上至下依序為紅、白、藍的配色。國旗以十六至十七世紀八十年戰爭期間使用的旗幟為藍本，紅色象徵為國而戰的人民勇氣，白色象徵祈求神祝福的信仰心，藍色象徵對祖國的忠誠心。

其實當時旗幟被製作出來的時候，最上方的顏色為橘色。這是因為奧倫治家族的徽章中使用了橘色。然而，於一九三七年制定的國旗中，最上層的顏色卻是紅色。有一種說法是，橘色容易變色才會改成紅色，不過確切原因尚不清楚。

與荷蘭國旗非常相似的國旗，包括盧森堡國旗和俄羅斯國旗，它們都是橫向分成三個部分的三色旗。其中的盧森堡國旗，乍看之下配色也和荷蘭國旗一模一樣，不過盧森堡國旗的最下層是水藍色而不是藍色。與荷蘭國旗的長寬比例也不

荷蘭

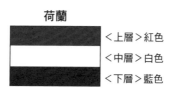

<上層>紅色
<中層>白色
<下層>藍色

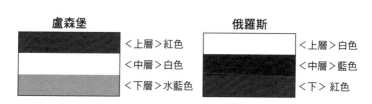

盧森堡

<上層>紅色
<中層>白色
<下層>水藍色

俄羅斯

<上層>白色
<中層>藍色
<下> 紅色

同，荷蘭國旗為二比三，盧森堡國旗則為三比五。

荷蘭國歌《威廉頌》制定於一九三二年。威廉指的是領導八十年戰爭的威廉一世，歌詞是有關威廉一世鼓舞士兵與西班牙軍隊交戰。歌詞共有十五節，但在正式場合只會唱第一節和第六節。

最古老的國歌歌詞是日本的《君之代》，不過一般認為《威廉頌》是在一五七〇年左右完成作曲，相傳是世界上旋律最古老的國歌。

遭批評為無神論者的哲學家

巴魯赫・史賓諾沙

Benedictus de Spinoza

（1632～1677年）

花費15年撰寫《倫理學》

史賓諾沙出生於阿姆斯特丹，與笛卡兒（Descartes）和萊布尼茲（Leibniz）等人一同被評為17世紀具代表性的哲學家。

他的父親是名猶太商人，史賓諾沙自己也接受了猶太教的教育，卻因為批評猶太教教義而在1656年被逐出猶太教會。

史賓諾沙提倡一種泛神論，認為這世上的一切，包括宇宙、世界、大自然等皆和神一樣，有別於當時將神擬人化的宗教觀。因此，史賓諾沙遭人批評為無神論者，或是唯物論者。

他花費十五年總結個人泛神論的思想體系後撰寫的巨著《倫理學》（Ethica），也未能在他生前出版，直到十八世紀以後，他作為哲學家的評價才逐漸上升。

chapter 3

黃金時代的到來

輕量國家

在那個時代擁有最強大政治力、經濟力、軍事力的國家，有時被稱作霸權國家。在近代十六世紀中葉的西班牙與十八世紀的英國（從現在起英格蘭將稱為英國）就是如此，不過十七世紀的荷蘭也處於可稱為霸權國家的地位。

然而，荷蘭的軍事力並不像同時代的英國那般強大。這個國家得以成為霸權國家，在於壓倒他國的經濟力。國土狹小的荷蘭，積極開拓亞洲、美洲、非洲等地的市場，超越葡萄牙及英國等國家，手握海上貿易的主導權。在它鼎盛時期的十六世紀末至十七世紀，荷蘭達到所謂的「黃金時代」，極盡榮華，二十至二十一世紀的美國社會學家華勒斯坦（Wallerstein）在自己的書中寫道：「荷蘭、英國、美國是唯一在資本主義的世界經濟中取得霸權的國家。」

在瀏覽荷蘭從西班牙獨立後成為霸權國家的過程之前，首先要來回顧一下它作為一個國家的特徵。

在十六至十七世紀的歐洲，西班牙、英國、法國等國在絕對君主制下，以中央集權的方式治理國家。另一方面，荷蘭則採用了共和制以及聯邦制。正式國名為「荷蘭共和國」，由荷蘭、澤蘭、海爾德蘭、烏特勒支、弗里斯蘭、上艾瑟爾、格羅寧根這七個加入烏特勒支同盟的省分，加上德倫特準省以及議會直轄領地等地區所組成。

總督相當於國家元首，而世代擔任此一職務的奧倫治公爵，實際上就是荷蘭的君主。進一步詳細地解釋一下，在主要的七個省分當中，以威廉一世為第一代的奧倫治－拿騷家族，曾擔任包含荷蘭共四至五個省分的省總督，由威廉一世的侄子所創立的拿騷－迪茨家族，則擔任其他二至三個省分的省總督。七個省的中心為總督居住的海牙，以及擁有貿易據點阿姆斯特丹和鹿特丹等城市的荷蘭（省），該省的總督也被稱作荷蘭總督。

決策機構為聯邦議會，由主要七個省分的代表組成，但是各省並不一定有義務遵守其決定。各省擁有高度自治權，國家主權由各省各自持掌，而非中央政府。例如負責保衛城市的並不是正規的國家軍隊，而是由人民組成的防衛隊。此外，稅收工作也不是由中央政府的官僚進行，而是由與政府簽署合約的商人執行。當時的荷蘭在進行今日所謂的行政民營化，可以形容為中央政府的負擔較輕的「輕量國家」。

因知識分子湧入而繁榮的北部

聯邦共和國主要的七個省分當中，荷蘭省和澤蘭省達到了顯著的發展。直到十六世紀中葉，尼德蘭的先進地區都在南方而非北方，不過正如上一章所言，南方的中心城市安特衛普成為了八十年戰爭的戰場，因此擁有高端技術及知識的工商業者外流至北方。於是，原本是港口小鎮的荷蘭省阿姆斯特丹，與澤蘭省的米德爾堡（現在的澤蘭省首府），便取代安特衛普發展成商業城市、貿易據點。

被稱為攝政者的城市貴族，可以成為聯邦議會和省議會的議員。在這些人當中，由阿姆斯特丹選出的議員一直擁有影響力很大的發言權。而且荷蘭總督不會插手城市經濟，工商業者總是自由地進行商業活動。社會性基礎設施健全，識字率及教育程度高於其他國家，這也是經濟發展的背景因素之一。

「荷蘭是荷蘭人創造的」

說到荷蘭，多數人應該都會聯想到風車。在十六至十七世紀的荷蘭，農業（尤其是酪農業及畜牧業）、工業、航運等各行各業飛躍成長，不過這些經濟發展與風車息息相關。

誠如第50頁所述，推測風車是在十三世紀左右傳入荷蘭。起初風車是用來將穀物磨成粉，後來也開始在開墾濕地及泥炭地時作為排水之用。進入十六世紀後，利用風車圍墾的計畫正式啟動，在國內出現了許多被稱作「polder」的圩田。

經濟發展顯著的十七世紀以後，開始針對湖沼進行大規模圍墾。在這當中，自一六一二年到一六一七年期間施行的荷蘭省貝姆斯特爾湖的圍墾，是荷蘭第一個現代圍墾工程，附近一帶於一九九九年被聯合國教科文組織列為世界遺產。

荷蘭在整個十七世紀，進行四十件圍墾工程，藉此取得的土地總面積高達的兩百七十平方公里左右。此後圍墾仍舊隨時進行直到現代，現在全國土地約三分之一（約一萬四千平方公里）皆為圩田。「世界是神創造的，但荷蘭是荷蘭人創造的」，這句格言似乎就能清楚表達荷蘭與水奮戰的歷史。

圩田主要用作農業用地，不適合耕作的圩田則盛行酪農業。乳製品是荷蘭的主要出口貨品之一，貝姆斯特爾便以起司產地而聞名於世。

風車提升了國際競爭力

當時的風車是用木頭製成的，木材加工技術也透過風車的製造而逐漸進步。風車也開始被用作木材加工的動力，推估一台風車可以負擔二十五個個人的工作量。工作變得有效率後，使得產業的國際競爭力大幅提升。尤其在造船業格外顯著，據說荷蘭船舶的製造成本，遠比英國低了百分之四十至五十。

此外，長期以來漁業興盛的荷蘭，也斷斷續續進行船舶的技術革新。例如被稱作巴士的漁船甲板寬廣，捕獲的魚可以在船上加工。這點為荷蘭人在捕撈鯡魚上帶來優勢，因為鯡魚腐敗速度很快。

隨後到了十六世紀末，這次反過來研發甲板狹窄、船艙寬敞的福祿特帆船作為運輸船。當時港口及燈塔的使用費是取決於甲板的大小，因此這種福祿特帆船有助於降低貿易成本。而且福祿特帆船比傳統船舶速度更快，裝載量更多，得以長時間運輸大量貨物。由於這種性能，據說十七世紀在歐洲航行的船舶當中，有六成都是荷蘭製造的。

先進的造船技術，受到了其他國家的矚目。自一六九七年到隔年這段期間，正在歐洲各國出訪的俄羅斯帝國使節團造訪了荷蘭。這個由大約兩百五十人組成的使節團，包含沙皇彼得一世（Pyotr Pyervyy）也以假名彼得・米哈伊洛夫加入其中。彼得一世入境荷蘭之後，隱藏身份分頭行動，他在造船廠當學徒，滯留在阿姆斯特丹郊區的贊丹。

使節團也拜訪了普魯士和英國，彼得一世利用這次出訪中獲得的知識進行各種改革，實現了俄羅斯的現代化。此外，彼得一世在荷蘭逗留期間的住所，現在作為博物館保存下來。

前往亞洲尋求香料

荷蘭面向北海，而北海與波羅的海相連。直到十五世紀這兩個海洋之間的貿易一直由漢薩同盟（參閱第53頁）主宰，後來在漢薩同盟衰退後，才由荷蘭把持波羅的海貿易的主導權。

在國土狹小、濕地較多的荷蘭，穀物及木材只能依賴其他國家供應，小麥及裸麥等穀物均從德國北部和波蘭進口，木材主要從波羅的海進口。相對從荷蘭出口的貨品，則為乳製品、醃漬鯡魚、毛織物等等。同時荷蘭也從事轉口貿易，將法國製的葡萄酒和西班牙生產的鹽等貨品，出口到德國和波羅的海沿岸國家。

從購買西班牙產品即可得知，十六世紀以後荷蘭的貿易網絡不再局限於北海及波羅的海，甚至還透過伊比利亞半島及直布羅陀海峽向東延伸至地中海。

十五世紀以後，包含胡椒等香料在歐洲的交易價格很高，來自各國的船隻全朝向印度及東南亞的香料產地而去。就這樣展開了大航海時代。十六世紀主導亞洲貿易的是葡萄牙，荷蘭也會從葡萄牙購買香料，並出口到北歐各國。

然而，一五八〇年發生了一起對荷蘭貿易網絡造成重大影響的事件。與荷蘭敵對的西班牙吞併了葡萄牙。西班牙國王費利佩二世（參閱第60頁）禁止荷蘭船隻進入里斯本（現在的葡萄牙首都），荷蘭被排除在香料貿易之外。面對這個問題，荷蘭商人找到的答案就是「自己派船到亞洲」。荷蘭會走向亞洲就是這樣開始的。

荷蘭東印度公司成立

亞洲對荷蘭來說是一片未知的土地，必須開拓一條到達那裡的航線。起初他們沿著俄羅斯北岸，摸索出一條前進東方的路線，但是沒有成功，於是採行繞道非洲大陸最南端的好望角。

一五九五年六月，荷蘭探險家豪特曼（Houtman）率領四艘船的船隊抵達了爪哇島西部的班坦。這是荷蘭與亞洲的第一次接觸。一五九八年，一家受豪特曼啟發的阿姆斯特丹貿易公司，派遣了由荷蘭人范・尼克（Van Nick）擔任提督的船隊前往班坦，並且在德那第島等地區開設了洋行（參閱第160頁的地圖）。當時在荷蘭有好幾家貿易公司，直到一六〇一年已有十五支船隊共六十五艘船隻從荷蘭出發航向亞洲。

此時出現了一個新的問題。由於荷蘭貿易公司彼此的競爭，在亞洲的採購價格高漲，反而批發銷售價格卻下滑了。同一時間英國東印度公司在英國成立，繼續這樣下去的話，在亞洲貿易上便無法從其他國家中取得優勢。因此時任荷蘭省的法律顧問奧爾登巴內費爾特（參閱第77頁）便提議將國內的貿易公司合而為一，各家公司代表也接受了這個做法。就這樣，在一六〇二年三月時，聯合東印度公司（Verenigde Oost-Indische Compagnie，簡稱VOC）誕生了，也就是所謂的「荷蘭東印度公司」。

VOC被視為一家股份公司，但是基本上由投資者承擔有限責任（在破產時遭受的損失不會大於出資額），而且投資對象為公司本身並非事業，股份也能自由轉讓等等。

鬱金香泡沫

由六家分公司組成的ＶＯＣ並沒有成立正式的總公司，總公司的職責都是阿姆斯特丹分公司在負責。進行股票買賣的證券交易所，也是在一六〇二年於阿姆斯特丹成立，這裡被視為世界上最古老的證券交易所。荷蘭擁有成為世界金融中心的阿姆斯特丹，這也是後來荷蘭成為霸權國家的主要原因。

證券市場有時會出現異常的投機熱潮，導致金融商品的價格暴漲。即所謂的泡沫。在十七世紀的

荷蘭，則發生了以鬱金香球莖作為投機對象的「鬱金香泡沫」。鬱金香於十六世紀後半葉傳入荷蘭，成為一種奢侈品而廣受人們歡迎。不久後開始作為投機對象經人轉售，而不是用來觀賞，在一六三六至一六三七年的巔峰時期，它的交易價格據說比阿姆斯特丹的豪宅還要高。

然而在一六三七年二月，球莖的價格暴跌。據傳是因為突然缺乏買家，許多投資家拋售的關係，但確切原因並不清楚。用土地或房屋作為抵押購買的人們被迫破產，鬱金香市場的動亂也對荷蘭經濟本身造成了打擊。鬱金香市場暫停了一段時間，不過在大暴跌的三個月後回到泡沫前的價格，交易再次重新開始。

往後人們對於鬱金香的熱愛仍舊沒有改變，鬱金香現在被視為荷蘭的國花（意指代表、象徵國家的花）。國內有大大小小各式各樣的鬱金香花園，其中在南荷蘭省利瑟的庫肯霍夫花園，是全世界最大的花卉公園，除了八百種鬱金香之外，還種了風信子及水仙等合計七百萬株的花卉。

一九九二年利瑟與富山縣礪波市結為友好城市。富山縣的鬱金香球莖出貨量位居全日本第一，縣花也是鬱金香。礪波市於一九一八年開始在縣內首次種植鬱金香。富山縣的氣候除了夏季之外與荷蘭相似，據說十分適合栽種鬱金香。

因東亞引發的紛爭

將話題拉回VOC。荷蘭政府授予VOC在亞洲獨占貿易權，還有權與其他國家簽訂條約及交戰。換句話說，VOC在東亞可算是一個國家。

一六一九年VOC在爪哇島上建造要塞，作為亞洲貿易的基地，並將土地名稱改為「巴達維亞」（現在的雅加達）。此後用武力排除在東亞貿易中處於領先地位的葡萄牙及西班牙，並在台灣、錫蘭島（斯里蘭卡）、馬六甲（現在的馬來西亞城市）等地接連建立了據點（參閱第160頁的地圖）。他們也瞄準了中國大陸沿海地區的城市澳門，不過遭到葡萄牙與中國明朝的激烈抵抗，而被迫撤退。一七四九年才得以在中國大陸設立洋行，在那之前並沒有與中國直接貿易。

後來台灣取而代之成為亞洲的轉口貿易基地。VOC從一六二四年至一六六二年年統治台灣。雖然台灣島的存在已經在歐洲為人所知，但是到了荷蘭人登陸台灣之後才開始有系統地統治。在那之前台灣有原住民居住，不過大陸的漢人為了因應VOC招募勞工的需求而開始移居。

明朝於一六四四年滅亡，清朝取而代之統治了中國大陸大部分的地區。明朝遺臣鄭成功展開反清復明的運動，只是與清軍交戰失敗後，他便入侵台灣尋找新的據點。VOC就這樣被奪走基地熱蘭遮城後，撤出了台灣。

當時的VOC還與英國東印度公司發生衝突，一六二三年在摩鹿加（馬魯古）群島發生一起事件。摩鹿加群島是丁香（clove）及肉荳蔻這些香料的產地，原本由VOC掌管，可是隨著英國盯上香料貿易的利益也涉足其中之後，雙方陣營開始相持不下。

兩國政府為了解決問題挺身而出，決定將兩家東印度公司合併，但是當地的衝突仍無法平息。不久後英國東印度公司欲襲擊安汶島荷蘭洋行的計畫曝光（經由拷問後發現的，並不清楚是否真的有襲擊計畫），所有關係人均被逮捕並遭到處決。在受害者當中，也有被英國雇用為傭兵的日本人。這起事件取名自該島的名稱，被稱作安汶大屠殺。

英國東印度公司由於這起事件退出東亞的香料貿易，並從此專注於在印度的發展。隨後，他們甚至以印度作為殖民地。

展開對日外交

在亞洲貿易中，VOC除了香料之外，還將砂糖、紅茶、棉布等帶回荷蘭。另一方面，荷蘭的出口產品需求量不一定很高，會以銀或銅作為等價交換。其供應來源，就是當時全世界規模最大的白銀產地日本。

荷蘭和日本之間的關係會持續至現代，當初是從荷蘭船隻慈愛號（參閱第57頁）於一六〇〇年四月漂流至豐後國（現在的大分縣）展開的。一五九八年六月，包括慈愛號在內由五艘船組成的船隊從鹿特丹起航，通過位於南美洲大陸南端的麥哲倫海峽，往西繞行航向日本。沒想到，船隊卻在太平洋上遭遇暴風雨而三零四散。僅有慈愛號一艘船能夠抵達日本，逾一百多名船員減少到二十四人。嚴酷的航程造成嚴重損耗，據傳還有六人在登陸後隨即喪命。

雖然一六〇〇年相當於江戶幕府創立的三年前，不過德川家康已經是實質上的最高掌權者，並召集船員來到大坂（現在的大阪）。他們帶來的西方資訊對德川家族十分有益，在江戶幕府成立後，英國航海家威廉・亞當斯（William Adams），與來自代爾夫特的荷蘭船員揚・約斯滕（Jan Joosten），被任用為外交顧問。

亞當斯取了日文名字叫作「三浦按針」，約斯滕用他名字的諧音取名作「耶揚子」。兩人都娶了日本妻子。東京車站出口「八重洲」的地名，就是源自約斯滕宅邸的所在地，據說是從「耶揚子」這個名稱轉換而來。

亞當斯作為幕府與英國之間的中間人盡其所長，只是在家康死後並未受到重用，並於平戶（現在的長崎縣平戶市）去世。約斯滕身為幕府和荷蘭之間的橋樑善盡職責，並利用朱印狀自行發展亞洲貿易，只是進展並不順利，後來在返回荷蘭的途中遭遇海難，失魂落魄下成了回不了家的人。

幕府為何同意貿易？

荷蘭與日本之間的貿易得到了德川家康的許可，作為證書的朱印狀在回國途中經由慈愛號船員傳遞到泰國的荷蘭洋行。一六〇九年，一艘荷蘭船隻帶著荷蘭總督毛里茨的回信來到日本。兩國之間的朱印狀貿易從此時正式展開。

日本的荷蘭洋行設在平戶。日本主要出口金、銀、銅等，VOC則將中國生產的絲綢及綾羅綢緞等出口至日本。然而，VOC並沒有在中國大陸設置洋行，無法採購中國的產品。因此，VOC會襲擊葡萄牙船隻，掠奪船上運送的中國貨物。後來在日本近海的掠奪行為，遭到幕府禁止。

雖然家康對外國文物非常感興趣，並積極與西方進行貿易，只是他一直擔心基督教傳播到日本後恐怕會動搖幕藩體制。此外，當時各地的大領主也從事朱印船貿易，幕府為了削弱大領主的勢力，於是也開始限制貿易。

幕府於一六一二年與一六一四年，兩度頒布教禁令，全面禁止基督教傳教和信仰。在家康死後，第二代將軍秀忠、第三代將軍家光限制與外國進行貿易。一六二三年關閉平戶的英國洋行，一六二四年禁止西班牙船隻，一六三九年禁止葡萄牙船隻前來日本，徹底實施了所謂的鎖國政策。話雖如此，並沒有完全封鎖國家，與荷蘭、中國、朝鮮、琉球王國、阿伊努族保持來往。

話說回來，為什麼英國、西班牙、葡萄牙會被驅逐，卻允許與荷蘭進行貿易呢？答案就是，荷蘭人民多數為新教徒，是一個重視通商而非傳教或開發殖民地的國家。而且從一六三七年至隔年發生的島原之亂期間，荷蘭方面響應了幕府的要求，向吉利支丹農民藏身的城堡發射了海軍炮火。這種合作態度贏得了幕府的信任。

然而，荷蘭與幕府之間並沒有總是保持著良好的關係。在徹底實施鎖國政策之前的一六二八年，發生了大員事件。荷蘭將台灣叫作Tayouan。對於十七世紀初的日本來說，台灣是與中國進行朱印船貿易的中轉站，但是在荷蘭成為台灣新的統治者後，開始向外國船隻徵收百分之十的關稅。日本商人對此表示反對，後來事情演變成挾持荷蘭的台灣長官作為人質。這場騷動在荷蘭方面解任台灣長官，並將這名荷蘭人交給日方後才結束，日本與荷蘭長期中斷的貿易也重新開始了。

幕府對荷蘭保持著一定程度的警戒心，一六四一年平戶的荷蘭洋行遷移至長崎（現在的長崎縣長崎市）的人工島——出島，而且荷蘭人基本上被禁止離開出島。此後，直到幕府解除鎖國的一八五四年為止，出島成為日本唯一與西方接觸的窗

平戶和長崎的位置

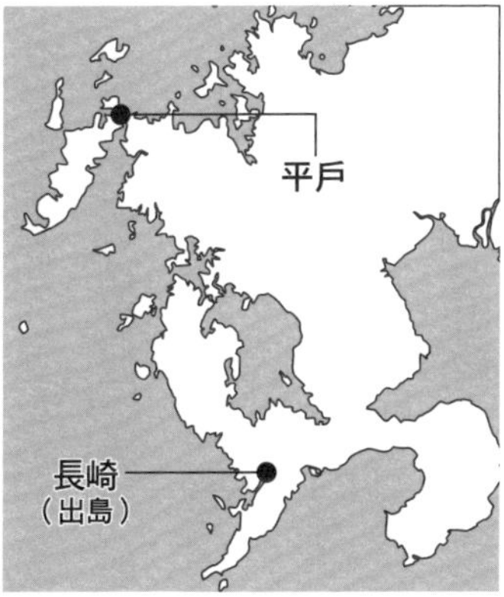

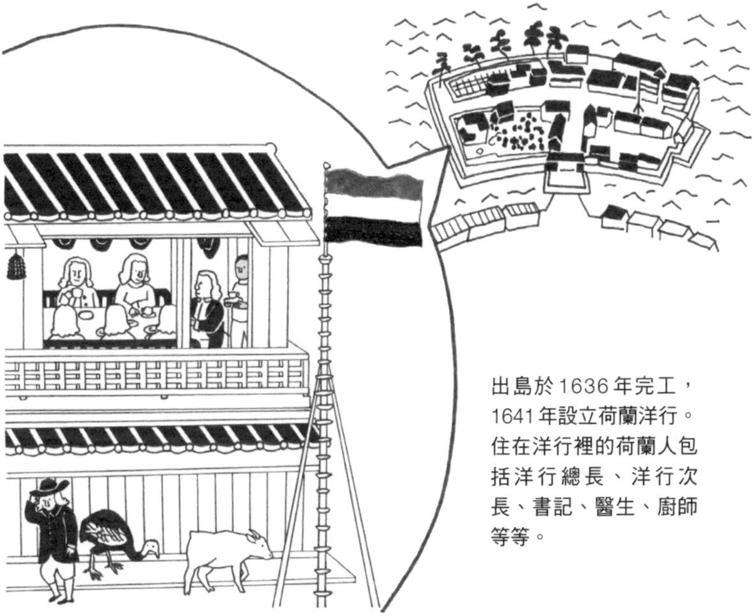

出島於1636年完工，1641年設立荷蘭洋行。住在洋行裡的荷蘭人包括洋行總長、洋行次長、書記、醫生、廚師等等。

口。有一個例外是，甲比丹（洋行總長）每年會有一次（自一七九〇年起為四年一次）前往江戶覲見將軍。

「蘭學」一詞從字面上來看就是荷蘭學術的意思，但是在鎖國下的日本，被用作西洋學術的總稱，喜好西洋文物的大領主被稱作「蘭癖大名」。於幕府末期擔任老中首座的佐倉藩主堀田正睦，也是蘭癖大名的其中一人，佐倉（現在的千葉縣佐倉市）與長崎一樣成為蘭學的先進地區。

第一個登陸澳洲的西方人

授予VOC獨占貿易權的地區，更準確地描述是好望角以東、麥哲倫海峽以西。因此活動領域不僅在亞洲，還包括非洲大陸東側及大洋洲。

非洲大陸南端的好望角，是從大西洋行經印度洋前往亞洲航線的重要地點，荷蘭從一六五二年開始遷入包含好望角在內的開普敦。自十八世紀末，因為這個開普殖民地與英國發生衝突，根據一八一四年維也納會議（參閱第149頁）的結果，最終成為了英國領土。

一般認為澳洲大陸是由英國軍官，人稱「庫克船長」的詹姆士・庫克（James Cook）於一七七〇年「發現」的，但是至少在十七世紀期間，有幾名荷蘭人曾到造訪過澳洲大陸的北側與西側。

一六〇六年由VOC派遣的威廉・揚松（Willem Janszoon），在澳洲大陸北岸的約克角半島登陸。此外，同樣從VOC派出的塔斯曼（Tasman）從一六四二年至隔年調查了澳洲，並將這片尚未被定義為大陸的土地命名為新荷蘭。塔斯曼也登陸了塔斯馬尼亞島和紐西蘭，塔斯馬尼亞這座島就是以塔斯曼命名，紐西蘭則是以荷蘭的澤蘭省命名。

透過這些探險家的積極行動，VOC才意識到新土地的存在，但是他們找不到商業方面的優勢，最後並沒有建立貿易據點。直到十八世紀英國人庫克造訪澳洲之前，一直被人所遺忘。

南北美洲大陸並不在ＶＯＣ的管轄範圍內，而是由荷蘭西印度公司（Geoctrooieerde West-Indische Compagnie，簡稱ＷＩＣ）管理。這家公司於一六二一年在阿姆斯特丹成立。ＷＩＣ的據點之一，就設在加勒比海上漂浮的古拉索島（請參閱第200頁的地圖）。

ＷＩＣ也被授予了非洲大陸西部的獨占貿易權，主要從事以大西洋為舞台的奴隸貿易。此外，自一六〇九年起一直處於休戰狀態的荷蘭與西班牙，在一六二一年重新開始戰爭，ＷＩＣ也被賦予了攻擊、掠奪西班牙及葡萄牙船隻的任務。

十七世紀上半葉，包含英國的新教徒在內，許多尋求宗教自由的歐洲人渡海前往美國。大量荷蘭人也移居到美國，現在推估這些人就是高達三百五十萬名荷蘭裔美國人的祖先。歷任總統當中，第八任的馬丁・范・布倫（Martin van Buren）、第二十六任的狄奧多・羅斯福（Theodore Roosevelt）、羅斯福的親戚第三十二任的富蘭克林・羅斯福（Franklin Roosevelt）皆為荷蘭裔，其中布倫是第一位非盎格魯－撒克遜人的美國總統。

除此之外，演員亨弗萊・鮑嘉（Humphrey Bogart）、傑克・尼克遜（Jack Nicholson）、勞勃・狄尼洛（Robert De Niro）等人的身上也有荷蘭血統。另外，世界著名的發明家湯瑪斯・愛迪生（Thomas Edison），他的父親也是荷蘭裔。

描繪市井小民平凡無奇的日常生活

荷蘭獨立後，具有影響力的是都市地區的商人及富人。他們在經濟發展期間累積了財富，成為藝術家和建築師的供養人（支持者），支持著這個時代的創作活動。

發生重大變化的是在繪畫領域。隨著天主教在荷蘭的影響力衰退，宗教畫的訂單減少，取而代之的是出現了許多描繪人民日常生活的風俗畫。

在強調明暗對比的畫風中，「光影魔術師」林布蘭（Rembrandt），是這個時代最具代表性的畫家。他在一六〇六年出生，主要活動於家鄉萊登（現在的南荷蘭省城市）及阿姆斯特丹，並在一六四二年完成了代表作《夜巡》。正式的作品名稱為《弗蘭斯・班寧・科克隊長與威廉・範・瑞騰伯格副隊長的國民軍》，畫中描繪的市民警衛隊（義警隊）就是委託單位。林布蘭可說是集體肖像畫中描繪群像的第一人。

只不過，集體肖像畫這種藝術類型，是由林布蘭早一代的哈爾斯

（Hals）所創立的。推測哈爾斯是在一五八一年出生於安特衛普，哈倫（現在的北荷蘭省首府）是他主要的活動據點，並留下了許多描繪當地人民的作品。代表作為《聖喬治市民警衛隊官員之宴》，它和《夜巡》一樣，反映了當時人民具有影響力的世態。鮮豔的色彩以及畫中人物生動的姿態，甚至影響了活躍於十九世紀的法國畫家馬奈（Manet）等藝術家。

一六三二年出生於代爾夫特的維梅爾（Vermeer），也是一位世界知名的畫家。他在陰影的表現上十分優異，擁有「光之魔術師」的別名。在他的代表作《戴珍珠耳環的少女》中，纏繞在女孩頭上的藍色頭巾給欣賞者留下了深刻的印象。除此之外維梅爾還留下了《倒牛奶的女僕》、《寫信的女子》、《藍衣女子》等描繪平民女性平凡日常生活的作品。

發現光合作用的學者

揚・英格豪斯

Jan Ingenhousz

（1730～1799年）

還曾擔任瑪麗亞・特蕾莎（Maria Theresia）的御醫

出生於布雷達（現在的北布拉班特省城市）的英格豪斯，曾在比利時大學和荷蘭萊登大學研習醫學。他在倫敦成為開業醫生後，為奧地利哈布斯堡王朝的人們種痘（將天花病人的膿液注射到健康的人體中以增強免疫力的方法）以預防天花，自1772年起，他還擔任奧地利大公瑪麗亞・特蕾莎的御用醫師。

英格豪斯也是一名植物生理學家，因為發現了光合作用而聞名於世。當時，英國化學家約瑟夫・卜利士力（Joseph Priestley）發現植物會釋出氧氣。英格豪斯進一步加入光的條件做了實驗，最後查明植物需要光來釋出氧氣，而且植物除了這樣的光合作用之外，還會像其他生物一樣進行呼吸。

chapter 4

共和國的終結

與英國關係惡化

接著要來看看荷蘭的黃金時代迎來結束的過程。

過去荷蘭和英國聯手對抗西班牙，關係友好，可是在十七世紀以後受到安汶大屠殺等影響，兩國之間出現了不少摩擦。

一六四〇年英國發生清教徒（Puritan）革命後，於一六四九年成立共和制。當時，在革命領袖克倫威爾（Cromwell）的命令下，處決了斯圖亞特王朝的國王查理一世（Charles I）。由於查理一世是荷蘭總督威廉二世的岳父，所以威廉二世決定幫助斯圖亞特王朝復興。然而，許多敵視英國的城市貴族都反對這項政策。

一六五〇年威廉二世年僅二十四歲便因病過世，各省代表齊聚海牙召開會議。在會議上再次確認了聯邦各省的主權與獨立性，並決定除了荷蘭和澤蘭這兩個北部省分之外，都不再設置省總督。這個制度一直持續到一六七二年為止，稱作「第一

奧倫治公爵的繼承（17世紀上半葉～18世紀上半葉）

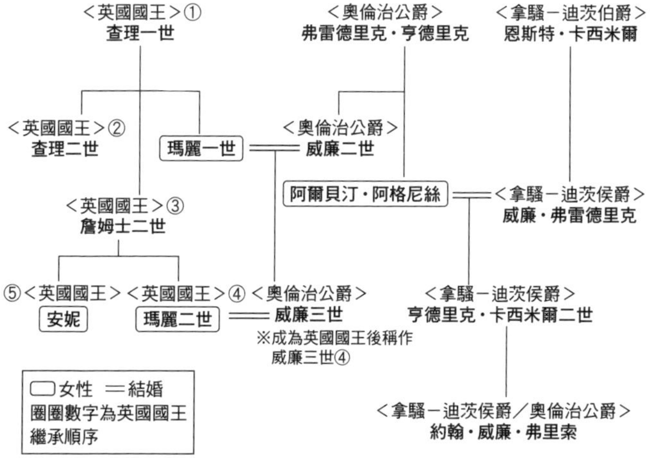

次無總督時代」。

當時的荷蘭各省，分成支持實質上的國王奧倫治公爵的「奧倫治派」，以及志在建立完全共和制的「共和派」，不過他們都一致堅持自由貿易。

一六五一年發生的一起事件，帶給荷蘭巨大的打擊。就是英國制定了航海法。這項法律就是英國在進口各地產品時，只允許英國、其殖民地以及貨物最初裝運國家的船舶進港。直截了當地說就是針對荷蘭的貿易管制，讓參與轉口貿易的船隻吃閉門羹。

英荷戰爭

一六五二年，在兩國關係緊張下引發的多佛爾海峽砲擊事件，導致英荷戰爭（Engels-Nederlandse Oorlogen）爆發。直到十九世紀初，兩國發生了六次戰爭，不過在這段期間的第一次至第三次戰爭，只持續了短短二十多年。

第一次的英荷戰爭，最終由開戰前就已經做好戰爭準備的英國獲得勝利。克倫威爾在議和時，要求不要繼續讓奧倫治公爵擔任總督職務。因為他擔心奧倫治公爵復權後，將促使英國斯圖亞特王朝復興。在荷蘭國內，聯邦議會和荷蘭省議會之間意見分歧，但是最終通過共和派荷蘭省議會的意見，克倫威爾的要求被接受了。

克倫威爾於一六五八年去世後，查理二世（查理一世的兒子）在兩年後從法國流亡歸來，恢復了英國的君主制度。

同一時期，荷蘭與英國在美洲大陸上開發殖民地的競爭白熱化，英國搶奪了荷蘭在北美東岸建立的新尼德蘭殖民地。位在中心地區的新阿姆斯特丹，此時更名為紐約。眾所皆知世界最大的金融街華爾街，取名自新阿姆斯特丹時代為了防禦英國人及美國原住民攻擊而建造的城牆。

一六六五年，在這種美洲大陸戰爭的背景下，第二次英荷戰爭爆發了。在無總督時代的荷蘭，實質上身為最高領導人的，是擔任荷蘭省法律顧問的德・維特（De Witt）。荷蘭在第一次英荷戰爭以後，在德・維特的政策下一直擴充海軍，因此也在這次取得了勝利。議和時，除了放寬英國航海法的適用範圍，新尼德蘭並沒有成為英國領土，反而是南美洲的圭亞那（現在的蘇利南）成為荷蘭領土。

此外，堪稱這場戰爭主要人物的提督德・魯伊特（De Ruyter），現今仍備受人民喜歡，他的傳記電影曾在二〇一五年上映。

面臨建國以來的危機

經過短時間休戰後，荷蘭與英國的第三次戰爭，還有其他多個國家牽涉其中。戰爭的主線是在擁戴路易十四（Louis XIV）的法國，所以有時也被稱作法荷戰爭。

一六六七年，當法國開始入侵西屬尼德蘭（未獨立且仍受西班牙統治的南部各省）時，荷蘭與英國、瑞典結盟，以牽制法國。因此，不得不與西班牙議和的路易十四，將下一個入侵目標設定為荷蘭，並與英國查理二世締結了祕密條約。

一六七二年三月至四月這段期間，英國和法國開始接連入侵荷蘭，德國科隆和明斯特的主教領地軍隊也相呼應，荷蘭大部分的國土瞬間就被占領了。德・維特除了擴充海軍，也一直維持著陸軍的戰力，因此奧倫治派猛烈抨擊了他這種手段。同年八月德・維特垮台，遭奧倫治派煽動的人謀殺。

荷蘭瀕臨建國以來的最大危機，此時肩負荷蘭命運的正是威廉二世的兒子威廉三世（Willem III）。同年七月，威廉三世就任總督後重建軍隊，並於一六七四年與英國達成和談。另一方面，法國軍隊已經入侵到烏特勒支，但是隨後戰況陷入膠著，因此撤軍，科隆、明斯特的軍隊也都撤退了。威廉三世雖然表現出追擊法國軍隊的態度，不過國內有很多聲音要求結束戰爭，儘管他並不願意卻還是在一六七八年議和了。

與英國的共主邦聯

當時認為法國軍隊是歐洲最強的呼聲也很高，威廉三世思量削弱其力量是維持歐洲各國勢力均衡的最佳方式。雖然在與法國的戰爭中，在未能達到這個目的下便被迫議和了，不過好機會又再次出現。這個機會就是，他娶了未來英國國王詹姆斯二世（James II）的女兒瑪麗（Mary）。

儘管英國是以新教為國教，然而隨著查理二世過世並由他的弟弟詹姆斯二世繼承王位後，他開始試圖讓自己所信奉的天主教勢力復活。英國議會對國王的這種行為充滿危機感，策畫驅逐詹姆斯二世，並向瑪麗的丈夫威廉三世發出邀請函。收到邀請函的威廉三世率領龐大艦隊駛入英國。同時英國各地也爆發叛亂，後來詹姆士二世逃亡至法國。

一六八九年二月，威廉三世和瑪麗共同成為英國的君主（成為英國國王後稱作威廉三世與瑪

麗二世），與荷蘭成立了共主邦聯。這一連串的事件都是在沒有見血的情況下完成的，所以被稱作「光榮革命」。

就在即位的前一年，為了對抗法國而集結的各國，與法國之間爆發了大同盟戰爭（也稱作九年戰爭、奧格斯堡同盟戰爭），戰敗的法國承認威廉三世為英國國王。可說因此削弱法國的勢力，實現了威廉三世的目的了。

然而，由於共主邦聯導致荷蘭的軍備受到限制，結果荷蘭開始處於英格蘭的下風。以荷蘭的國家利益而言，光榮革命未必卓有成效。

第二次無總督時代

一七〇二年，兼任荷蘭總督與英國國王的威廉三世於五十一歲去世。他與八年前早一步離開人世的瑪麗二世並沒有孩子，瑪麗二世的妹妹安妮（Anne）登上了英國王位。後來荷蘭和英格蘭的共主邦聯便解散了。

威廉三世去世後威廉一世便沒了直系子孫，奧倫治公爵的頭銜由拿騷－迪茨家族的約翰・威廉・弗里索（Johan Willem Friso）繼承。然而，普魯士的君主腓特烈一世（Friedrich I）並不同意這次繼承。因為腓特烈一世也是威廉一世（腓特烈的孫子）的後裔。

由於提出了這項異議，約翰依舊就任拿騷－迪茨家族世代繼承的弗里斯蘭和格羅寧根的兩省總督，而包括荷蘭在內的其他五個省分則沒有設置總督。荷蘭就這樣，再次迎來了沒有總督的時代（第二次無總督時代）。

內容雖然前後顛倒，但是在歐洲從一七〇一年起展開了西班牙王位繼承戰爭。顧名思義，這是一場起因於西班牙王位繼承問題而爆發的戰爭。

當時的西班牙國王卡洛斯二世（Carlos II）體弱多病，並沒有生下繼承人。根據卡洛斯二世的遺言成為西班牙新國王的，就是法國國王路易十四的孫子菲利佩五世（Felipe V）。這件事形成法國和西班牙未來將成為一個國家的可能性，而英國擔

奧倫治公爵的繼承（18世紀上半葉～19世紀上半葉）

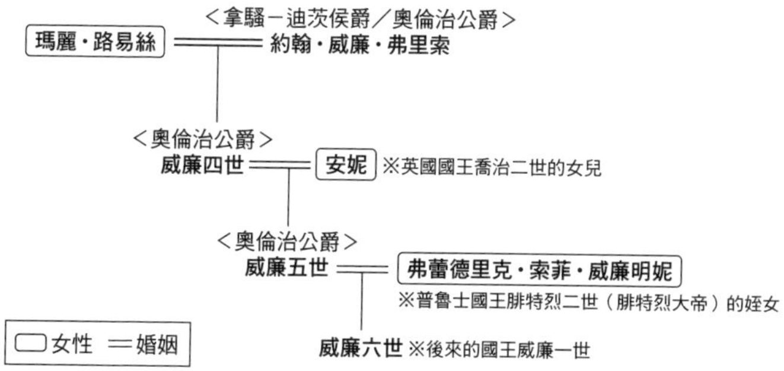

心法國與西班牙陣營將在歐洲或美洲大陸擴大勢力，於是與荷蘭及奧地利結盟，向法國宣戰。

　戰爭的結果是，承認菲利佩五世的西班牙王位，但是他須放棄法國王位的繼承權。此外，隨著這場戰爭而在美洲大陸爆發的安妮女王戰爭，也是英國處於優勢，最後法國和西班牙失去了許多殖民地及海外領土。就這樣，過去荷蘭曾經擁有的海上霸權便落入了英國之手。

　上述約翰繼承奧倫治公爵的問題，發生在這場西班牙王位繼承戰爭期間。一七一一年，約翰為了與普魯士方面協商，在移動過程中因搭乘渡輪翻覆的意外事故而喪命。

這時他的妻子瑪麗已經懷孕了，在約翰去世的七週後，瑪麗產下一名男嬰。這個男孩被取名叫威廉（Willem）。長大後成為威廉四世（Willem IV），擔任弗里斯蘭、格羅寧根和海爾德蘭這三個省分的總督。然而，荷蘭、澤蘭、烏特勒支、上艾瑟爾這四個省分，卻遵循各省議會的意向，決定不設置省總督。

自一七〇二年開始的第二次無總督時代，在威廉四世於一七四七年成為全部七個省分的總督後迎來結束。這個契機，來自於奧地利王位繼承戰爭。當時的奧地利是組成神聖羅馬帝國的大公國之一，後來皇帝查理六世（Karl VI）生不出兒子，於是試圖讓女兒瑪麗亞・特蕾莎繼承奧地利哈布斯堡王朝（參閱第60

當時的日本

江戶幕府第七代將軍德川家繼於1716年去世後，下一任將軍從三巨頭的家族中選出。結果，家康的曾孫繼洲藩主吉宗成為第八代將軍。吉宗推行了所謂的享保改革，試圖重建幕府的財政。

頁）的領土。而奧地利王位繼承戰爭，便發生在承認這次繼承的英國及荷蘭等國，與反對繼承的普魯士、西班牙、法國等國之間。

法國軍隊鎮壓了奧屬尼德蘭（過去的西屬尼德蘭。西班牙王位繼承戰爭後由奧地利哈布斯堡王朝繼承），並近逼到荷蘭南部。這場戰爭損耗了荷蘭的國力，充滿不安的人民也引發了暴動。一般人民對一些城市貴族掌控的政治感到不滿，為了回應他們的訴求，威廉四世才成為荷蘭全部七個省分的總督。

此外，奧地利王位繼承戰爭在一七四八年簽署《阿亨條約》後畫上句點，並承認瑪麗亞・特蕾莎繼承哈布斯堡王朝的領土。

愛國派抬頭

所有省分的總督職位正式成為世襲，在威廉四世於一七五一年去世後，由他的兒子威廉五世（Willem V）成為繼任者。然而，他在父親去世時還很年幼，有一段時間是由母親安妮（Anne）擔任攝政王職掌國政。

威廉五世長大後，於一七六六年開始以總督的身份親自執政。人民對他的才能寄予厚望，沒想到威廉五世優柔寡斷，人民渴望的新政治後來並未實現。

當時在荷蘭，一個被稱作愛國派（Patriotten）的階層抬頭。他們有別於擔任議員的城市貴族，對於政治並沒有直接的發言權。過去也是愛國派希望上一代的威廉四世成為所有省分的總督，不過他們的主張隨著時間的推移逐漸出現變化，在威廉五世統治期間，愛國派已經站在共和派的立場反對奧倫治派。當時荷蘭的輿論大致分為三派：愛國派、總督派（奧倫治派）、城市貴族派。

當時在歐洲盛行的啟蒙思想，推動了愈來愈多人對政治感興趣的風潮。啟蒙哲學不會盲目相信基督教的價值觀及王室的權威，以理性認識世界為目標。提倡三權分立的法國思想家孟德斯鳩（Montesquieu）、同為法國思想家並著有《社會契約（Du contrat social ou Principes du droit politique）》一書的盧梭（Rousseau）等人，可說是最具代表性的論點主張者。

比這兩個人早半世紀以上，十分活躍的英國政治思想家約翰・洛克（John Locke），於一六八三年流亡荷蘭，一直勤於寫作。他在一六八九年的光榮革命期間回到英國。

啟蒙思想隨著這些思想家也滲透到了荷蘭之後，中產階級、知識分子及地方貴族等，成為新的政治中堅分子並逐漸抬頭。

研究人員使用望遠鏡與顯微鏡

隨著啟蒙運動的滲透，從十七世紀到十八世紀這段期間，歐洲在自然科學的領域有了各種發現。在荷蘭也是萊登大學（參閱第71頁）於十六世紀後半葉成立之後，全國各地紛紛創立大學，積極探索學問，誕生了在歷史上留名的科學家。

具代表性的人物，包含克里斯蒂安・惠更斯（Christiaan Huygens）。一六二九年出生於海牙的惠更斯，曾在萊登大學研習法律和數學。他渴望像父親一樣成為一名外交官，但是當這個夢想破滅之後，他便開始走上研究之路，一六六六年他受邀進入法國科學院（學術機構），在那裡投入天文學及光學等研究。他的研究成果橫跨多個領域，包括開發高精度擺鐘、透過自製望遠鏡發現土星的衛星等等。

同一時代，英國的自然科學家牛頓（Newton）主張光的本質為「粒子」，反觀惠更斯則聲稱是「波動」，並將他的想法彙整於代表作《光論》（Treatise on light）一書中。推測兩人交流過彼此的看法，

只是後來並沒有得到結論，現代則認為「光具有粒子與波動的特性」。

天文學中不可或缺的望遠鏡，據說是由荷蘭米德爾堡（現在的澤蘭省首府）的一名眼鏡商，於一六〇八年發明出來的。義大利的自然科學家伽利略（Galileo）聽到這個消息之後，自己製作了望遠鏡，使天文學有了大幅進展。

此外，在望遠鏡發明之前，約莫在一五九〇年，據說荷蘭的另一位眼鏡商發明了顯微鏡（複式顯微鏡）。第一個使用這種顯微鏡提出正式研究成果的人，就是揚·斯瓦默丹（Jan Swammerdam）。斯瓦默丹於一六三七年出生於阿姆斯特丹的藥劑師家庭，曾經在萊登大學研習醫學，將人生大部分時間投身於昆蟲的研究中，並將昆蟲的身體構造等彙整於《昆蟲誌》（Historia insectorum generalis）一書中。除此之外，還透過顯微鏡發現了人類血球及精子細胞。

安東尼·范·雷文霍克（Antonie van Leeuwenhoek）也利用顯微鏡取得了許多發現。雷文霍克於一六三二年出生於代爾夫特，他的父親是一名籃框編織工人，有別於上述二人，他並沒有進入大學就讀，而是在市政府工作。他一面工作一面發明了最大放大倍率約二五〇倍的顯微鏡（單式顯微鏡），同時發現了人體的紅血球、微血管，以及單細胞生物、細菌等等。由於這些成就，他也被稱為「微生物學之父」。

第四次英荷戰爭

一七七五年，英國在北美洲大陸的十三殖民地（北美十三州）反對英國的統治，美國獨立戰爭開始。即使在這場戰爭期間，阿姆斯特丹的商人依舊向十三殖民地及法國出口武器和必要物資。從英國的角度來看，這些都被視為敵對行為，因此英國在一七八〇年向荷蘭宣戰。

第四次英荷戰爭的戰場，主要位在東南亞和加勒比海。以海軍力量作為主要戰力的英國大獲全勝，而荷蘭則相繼失去了東印度公司和西印度公司建立的貿易據地及殖民地。這場戰爭最後於一七八四年結束。

此外，過去一直主導美洲大陸貿易的荷蘭西印度公司（WIC），因超額舉債於一六七四年一度解散，後來重新組成一個新組織。只不過，由於第四次英荷戰爭的失敗而陷入經營困境，於一七九一年再次解散。從此以後，它曾經擁有的殖民地便由荷蘭直接管轄。

荷蘭總督同時也是陸海軍的最高司令官，戰後荷蘭國內有許多譴責威廉五世應承擔責任的聲音出現。垮台的威廉五世還曾考慮流亡至妻子的祖國普魯士，但是在普魯士成為後盾，向荷蘭軍事干預後，他才可以留在海牙。隔年的一七八八年，英國和普魯士結

當時的日本

田沼意次垮台後，松平定信成為老中首座，並在1787年開始了寬政改革。推動與田沼實行政策完全相反的緊縮政策，嚴厲管束學術及風俗，結果開始遭到自家人疏遠，於1793年辭去老中職務，結束了改革。

盟，荷蘭總督的職位也得以保留。

反過來陷入困境的，是反奧倫治的急先鋒愛國派。遭普魯士軍事干預的期間，愛國派的政治團體遭到鎮壓，領導人不得不逃亡至法國等地。

從尼德蘭變成巴達維亞

自一七八九年至一七九九年期間，發生法國大革命。失去法國國王地位的路易十六（Louis XVI），於一七九三遭到處決，法國政體改為共和制。這股民主化的浪潮對於周邊的君主制國家構成極大威脅，英國、奧地利、西班牙、普魯士等國結盟，反抗法國革命政府。

荷蘭也加入了這個反法同盟，於一七九三年開始與法國交戰。法國首先占領了奧屬尼德蘭，甚至越過荷蘭邊界入侵到阿姆斯特丹。

趁著法國這次的攻勢，流亡的愛國派回到荷蘭，並在各地設立臨時代表處。另一方面，陷入困境的威廉五世逃往英國，荷蘭共和國最終瓦解。

隨後愛國派組成全國革命委員會，於一七九五年與法國政府簽署《海牙條約》。根據這項條約廢除了荷蘭總督，國家名稱也改為「巴達維亞共和國」。

巴達維亞共和國這個名稱來自巴達維亞人（參閱第21頁），愛國派將自己稱作巴達維亞人而非荷蘭人（尼德蘭人）。「Bataafse」為荷蘭語，英文寫作「Batavia」。因此VOC（荷蘭東印度公司）在爪哇島上作為貿易據點建造的巴達維亞（參閱第106頁），也是相同的起源。

建立一個以法國為榜樣的國家

當國民會議召開制定新憲法時，決定新國家成為主權歸全體人民所有的單一國家，而不是各省的集合體。聯邦議會也被解散，並設置了新的兩院制議會作為最高立法機關。由五名長官負責行政事務。除此之外，還以大革命後的法國為借鑑，持續推動國家建設，包含政教分離、廢除領主封建制度、廢除行會（壟斷的商工業者公會）等等。

誠如前文所述，對於君主制國家而言，無法忽視這種國家的出現。因此，英國二次向巴達維亞共和國宣戰。

一七九五年的第五次英荷戰爭期間，流亡至英國的威廉五世允許將荷蘭的殖民地納入英國的保護之下。這項協定隨著英法議和後失效，但是錫蘭島（斯里蘭卡）依舊成為了英國領土。另外，VOC在巴達維亞共和國成立後仍然存在，可是因管理不善於一七九九年解散。

此後，英法兩國於一八〇三年再次開戰，英國與巴達維亞共和國之間也爆發了第六次英荷戰爭。結果，巴達維亞共和國最後幾乎將所有的殖民地交給了英國。

拿破崙的弟弟成為國王

歐洲的戰亂，隨著一個男人的出現而變得越發激烈。這個人就是法國軍人拿破崙（Napoléon）。拿破崙於一七九九年發動軍事政變，並於一八〇四年自己即位為皇帝。與此同時，以法國革命政府為後盾的巴達維亞共和國在一八〇六年解體，荷蘭王國成立，並以拿破崙的弟弟路易（Louis）為國王。

路易展現了創建新國家的非凡意志，導入各種現代化制度，包括基於《拿破崙法典》的民法和刑法、全國統一稅制、統一的貨幣荷蘭盾（Guilder）等等。

他致力於文化事業這一點，也十分值得一提。一八〇八年，在路易提議下設立了皇家科學文學藝術研究所（現在的荷蘭皇家藝術與科學學院），在這個研究所的主導下，會定期舉辦藝術作品的展覽。皇宮內也設立了皇家美術館（現在的荷蘭國家博物館），展出《夜巡》等荷蘭黃金時代的代表作品，有助於提升人們對於國家的歸屬感。

歐洲的勢力範圍（1810年代前半期）

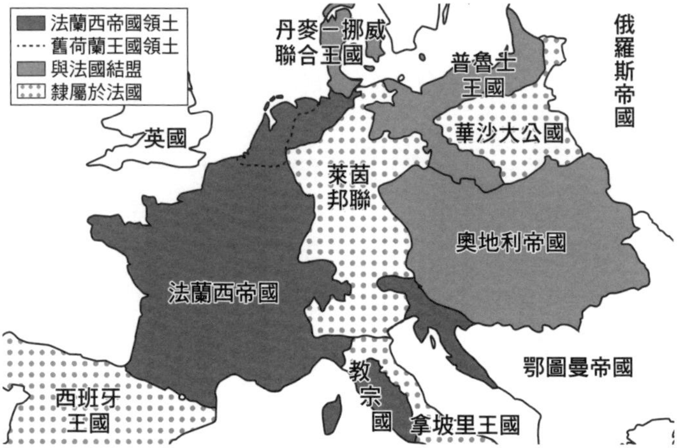

被法國極力併吞

拿破崙率領的法國軍隊在陸地上勢如破竹不斷取得勝利，直到一八〇六年為止，已經控制了西歐大部分地區。然而，一八〇五年與英國的特拉法加海戰卻遭受慘痛的失敗。

因為海軍實力不及英國，因此拿破崙試圖在經濟上孤立英國，以削弱英國的國力，於是在一八〇六年頒布《柏林法令》。由於這種所謂的大陸封鎖令，禁止歐洲各國與英國進行貿易，不過英國與荷蘭王國之間的走私卻十分猖獗，並沒有達到拿破崙預期的效果。

一八一〇年，拿破崙憑藉著強大的軍事力量，竭盡全力吞併荷蘭王國。這意味著荷蘭這個國家從世界地圖上消失了。據傳背後的原因是拿破崙對弟弟路易實行的縱容統治方式一直感到不滿，才會進行吞併。

荷蘭就這樣成為了法國的一部分，在法國人總督勒布倫（Lebrun）的領導下，斷然實行了近代化改革，包括統一度量衡（長度、體積、重量等標準）、建立戶籍制度、允許在教堂外結婚等等。

耐人尋味的荷蘭偉人④

後印象派代表畫家

文森・梵谷

Vincent van Gogh

（1853～1890年）

對日本浮世繪也感興趣

梵谷在1853年出生於津德爾特（現在的北布拉班特城市）。最初他志在成為一名神職人員，卻歷經波折，換了許多工作後才成為一名畫家。

他32歲時移居法國巴黎，與高更（Gauguin）、貝爾納（Bernard）等畫家來往。包含梵谷、高更、塞尚（Cézanne）在內的畫家，都被定位成後印象派畫家。梵谷也對日本的浮世繪十分感興趣，他在巴黎時期的代表作《唐基老爹》的背景中便描繪了浮世繪。

1888年他搬到法國南部，與高更一起生活。不久後兩人的關係惡化，梵谷隨即割下了自己左耳的一部分，引發了一場騷動。此後，他不斷進出精神病院，不過他還是完成了《向日葵》、《夜晚露天咖啡座》等作品，可惜最後他舉槍自殺身亡。

chapter 5

荷蘭王國

「荷蘭王國」的誕生

雖然拿破崙的權勢席捲西歐，不過到了一八一〇年代卻開始出現衰退。導火線是一八一二年遠征俄國的失敗，於隔年一八一三年在萊比錫戰役 中敗北後，荷蘭要求獨立的聲浪便高漲起來。

帶領著荷蘭獨立運動的三名城市貴族，包括曾經擔任總督派領導人的霍根多普（Hogendorp）。在一八一三年宣布，由荷蘭與盧森堡組成「荷蘭王國」並獨立。

盧森堡起源自阿登家族的齊格菲（Siegfried），於九六三年取得的領地。隨後，阿登家族出現分支，其中一個分支盧森堡王朝在十一世紀左右自稱為盧森堡伯爵。十四世紀時盧森堡伯爵推舉神聖羅馬皇帝，並被升格為盧森堡公爵。然而，在十五世紀以後出現衰退，並歷經勃艮第公爵、哈布斯堡王朝的統治，接著在法國大革命戰爭之後才和荷蘭一樣成為了法國領土。

新荷蘭為君主制，流亡至英國的威廉五世的兒子威廉六世（Wilhelm VI），獲邀成為國王。然而，此時國際上並未承認它是一個國家。

在一八一四年通過的憲法中規定，國家的主權屬於國王，國王底下設有8名部長，議會實行兩院制。部長向國王負責，但是不對議會負責。因此，國王擁有非常大的權限。此外，也決定阿姆斯特丹為首都。

拿破崙戰爭結束後，從一八一四年到隔年這段期間，召開了國際會議（維也納會議）以恢復秩序。當時，絕大多數的歐洲執政者皆實行君主制，期望讓社會回到法國大革命和拿破崙戰爭之前的狀態。因此會議的結果是，荷蘭也被承認為一個君主立憲制國家，甚至被允許併吞曾經屬於奧地利領土的南尼德蘭。

因此荷蘭王國統治的地區，扣除海外領土的話，相當於現在的荷蘭、比利時、盧森堡這些地區。此外，除了南非的開普敦與印度洋的錫蘭島，英國還歸還了過去的殖民地。

隨後在一八一五年，奧倫治公爵威廉六世正式即位為荷蘭國王威廉一世（Willem I）。此時，就是現今荷蘭王國（荷蘭）這個國家和荷蘭王室的開端。此外，盧森堡成為大公國，威廉一世為盧森堡大公。

由「商人國王」統治

經過長期戰亂使得荷蘭國力衰落，財政重建是威廉一世眼前的課題。首先他在一八一四年設

立荷蘭銀行（現在的荷蘭中央銀行），統一發行貨幣。據說在設立時，國王親自以個人名義投入大筆資金。除此之外，他還設立了國民工業基金以及投資銀行等等。威廉一世致力於振興商工業，因此還被譽為「商人國王」。

在這個時代所設立的企業，包含堪稱巧克力代名詞的梵豪登（Van Houten）公司。該公司是世界上第一家成功生產巧克力粉的公司，並於一八二八年被威廉一世授予勛章。

作為經濟活動基礎的交通基礎設施也不斷在推動現代化，自一八二三年起鹿特丹及阿姆斯特丹等地陸續成立了蒸汽船的造船公司。而陸地上，荷蘭也在一八三九年開通阿姆斯特丹和哈倫之間的鐵路。一八四七年連接阿姆斯特丹與鹿特丹、一八五六年連接荷蘭與德國萊茵地區的鐵路也開通了，促進歐洲境內人員和貨物的移動。

比利時分離獨立

在一連串的鐵路線鋪設之前，一八三五年歐洲大陸第一條鐵路在布魯塞爾和比利時梅赫倫之間開通，可是這不能算是荷蘭王國的功績。因為事實上，當時的比利時已經獨立了。

雖然這三個國家現在經常被統稱為比荷盧聯盟（比利時、荷蘭、盧森堡），但是它們並非沒有摩擦。隨著荷蘭王國的成立，荷蘭南北統一，對荷蘭來說是兩百多年來的宿願，可是從統一開始就出現了裂痕。

出現摩擦的背後原因之一，就是宗教、種族、語言的差異。包括威廉一世在內，許多荷蘭人都是新教徒，可是絕大多數的比利時人卻是天主教徒。再加上在比利時除了以荷蘭語作為日常語言的法蘭德斯人占多數之外，還住著許多以法語為日常語言的瓦隆人，他們一直對將荷蘭語作為官方語言等政策感到不滿。而且，荷蘭

荷蘭王國的成立與分裂

西元	大事紀
1815年	荷蘭王國（荷蘭）成立
	盧森堡大公國成立（共主邦聯成立）
1830年	比利時脫離荷蘭王國獨立
1839年	荷蘭承認比利時獨立
1890年	與德國拿騷公爵有關係的人物成為君主，盧森堡大公國解除與荷蘭的共主邦聯

曾在法國統治期間發生的債務，卻試圖與比利時分擔償還的舉動，也引起了比利時人的反感。

就在那時，一八三〇年爆發七月革命，人民推翻了因維也納會議而在法國復興的波旁王朝，比利時獨立的聲勢也高漲起來。趁著在劇院發生的暴動，比利時陷入無政府狀態，臨時政府於同年十月宣布獨立。不承認比利時獨立的荷蘭，與比利時進入戰爭狀態，但是包含英國及法國在內

荷蘭王室（19世紀上半葉～20世紀中葉）

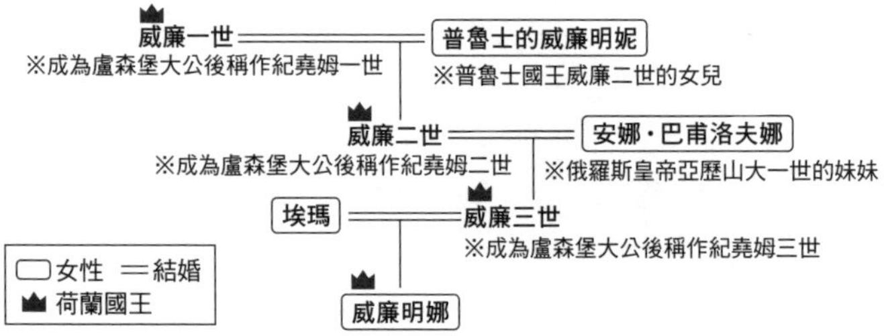

的列強隨即出手調停，並在一八三〇年至隔年的一八三一年期間召開的倫敦會議上，比利時的獨立獲得了國際上的承認。受邀成為比利時王國君主的人，是德裔貴族薩克森－科堡－薩爾費爾德公爵的第三個兒子利奧波德一世（Leopold I）。

只不過，威廉一世不認同這一點，並於一八三一年八月向比利時宣戰。荷蘭軍隊在戰爭中取得了優勢，但是法國很快就向比利時方面提供軍事支援，後來荷蘭軍隊便撤退了。

荷蘭在一八三九年承認比利時獨立。這是依據與比利時、英國、法國等國家簽署的《倫敦條約》。當時荷蘭與比利時之間，將盧森堡大公國和林堡省各分成兩份後，失去了三分之一的國土。而且國土減半的盧森堡，繼續維持大公國的地位，以荷蘭君主為大公。扣除海外領土，比荷盧聯盟的國土就是在此時定下來，一路延續至今。

一八四〇年，威廉一世突然宣布退位，他的兒子威廉二世（Willem II）成為新國王。隨後威廉一世離開荷蘭，在柏林度過了餘生，不過他與天主教的比利時貴族再婚一事，讓不少人民感到沮喪。

此外在同年，荷蘭省分成南北兩個部分，形成海牙隸屬的南荷蘭省與阿姆斯特丹隸屬的北荷蘭省。

政黨政治與柱狀化社會的到來

每次國家重組時，荷蘭都會出現修憲的需要。十九世紀上半葉比利時分裂後，眼看著自由主義運動在歐洲興起，國王威廉二世反對可能限制國王權力的修憲。然而，在一八四八年於法國爆發二月革命導致君主制垮台後，他表現出對自由主義的理解，並批准了憲法修正案。

在新憲法中，導入了責任內閣的原則，內閣應向議會而非國王負責。無法獲得議會信任的內閣必須辭職，或是解散議會。換句話說，即使是國王決定的政策，未經議會批准也不得實行。

上議院（第一院）透過間接選舉從省議會選出議員，下議院（第二院）由人民直接選舉。只有第二院可以解散，該權力歸國王所有。

一八四九年三月威廉二世去世後，由他的兒子威廉三世（Willem III）即位，國王及內閣經常與議會發生衝突，國王數次解散議會。他最大的政治敵人，就是在前任國王統治時期參與過修憲的自由主義者托爾貝克（Thorbecke）。一八五〇年至一八八〇年代，是荷蘭自由主義勢力的鼎盛時期，托爾貝克總共擔任過三次首相。

自由主義政府基於政教分離的原則，相繼導入了公共教育中立化等現代化的各項制度，但是新教徒，尤其是喀爾文教派卻反對這種政教分離的政策。他們堅持己見，否定法國大革命的精神，志在恢復基督教社會，可以說是保守的團體。這場運動的領導人古柏（Kuiper）牧師率領反革命黨，於一八八八年與天主教勢力建立了聯合政府。

另一方面，在自由主義陣營中也誕生了各種政黨，此外，工會及社會主義團體也組成了政黨並進入議會。這種情況可說是現代化政黨政治的先驅。

當時的荷蘭政黨，可分成四個群組：新教、天主教、社會主義、自由主義。基於這種意識形態及宗教造成的群體分化，也波及到教育機構、文化和藝術團體、報紙等大眾媒體、運動俱樂部等娛樂設施，並分別系列化。舉例來說，如果你是天主教的話，你會去上天主教學校，閱讀天主教報紙，工作後加入天主教的工會。

極力避免與不同宗教及意識形態的群體來往，發生摩擦時，則透過雙方代表協商以解決問題。由於各個群體猶如「支柱」一樣支撐著國家這樣的「房子」，所以

柱狀化社會（示意圖）

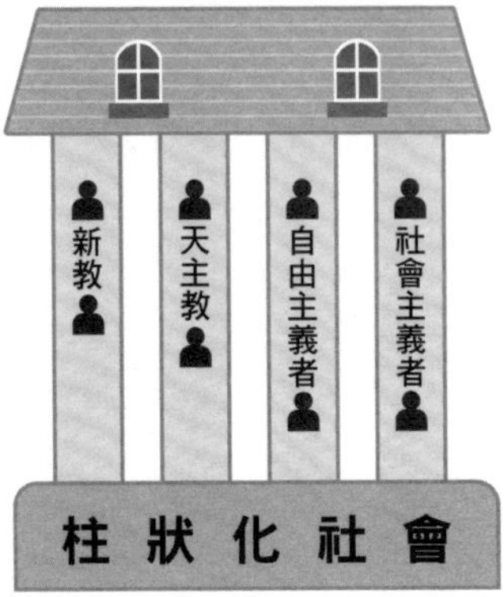

這種荷蘭社會的理想狀態稱作「柱狀化社會」，或是「多極共存型社會」。

東印度的統治帶來了財富

接下來要將時間稍微倒轉，看看一八〇〇年以後荷蘭的殖民統治。

自拿破崙戰爭以來，荷蘭與英國透過戰爭及條約談判展開殖民地的爭奪戰。一八二四年《倫敦條約》（英荷條約）簽訂後，爪哇島、蘇門答臘島及其周邊的島嶼成為荷蘭的殖民地，印度、錫蘭島、馬來半島成為英國的殖民地。

一七九九年VOC解散後，荷蘭的殖民地由荷蘭直接管轄，這些殖民地被稱為「荷屬東印度」，以巴達維亞作為基地。

此外荷蘭從一八七三年起軍事入侵蘇門答臘島北部的獨立國家亞齊，並在一九〇三年前併吞。

一八三〇年代以後，因為比利時獨立導致荷蘭的經濟實力衰退，為了彌補這一點，於是加強在殖民地的掠奪。具代表性的政策就是政府栽培制度（強制栽培制度）。這種制度是以低工資讓農民栽種政府指定的作物，例如咖啡、紅甘蔗、蓼藍、菸草等等。

獨家收購的農作物，透過威廉一世設立的尼德蘭貿易公司銷往國際市場，為荷蘭帶來了龐大利潤。只不過，其代價就是當地人民的生

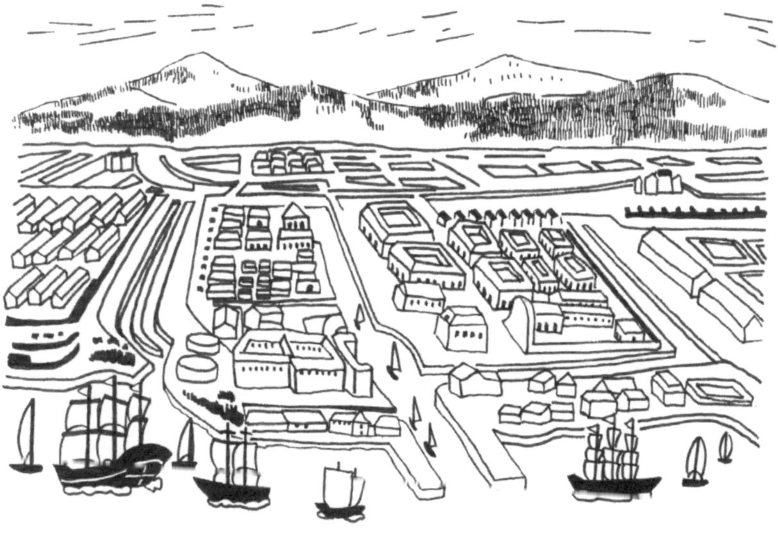

荷屬東印度

活會極度疲憊。如同奴隸般的惡劣工作條件，在荷蘭文學家穆爾塔圖里（Multatuli）的小說《馬格斯・哈弗拉爾，或荷蘭貿易公司的咖啡拍賣》（Max Havelaar, of de koffij-veilingen der Nederlandsche Handel-Maatschappij》中被告發，荷蘭的殖民地政策招致國內外的批評。

當時全世界已經進入解放奴隸的時代。面對嚴厲的輿論，荷蘭從一九〇一年改變政策，導入了倫理政策，於殖民地建設學校及醫療設施等等。話雖如此有些人卻指出，這些政策只不過是為了迴避國際輿論對上述入侵亞齊事件的批評。

西博爾德牽起的緣分

提到法國吞併荷蘭的話題時，曾說荷蘭已經從地圖上消失了，不過世界上僅有一個地方飄揚著荷蘭國旗。就是長崎的出島。

一八一〇年當時，荷蘭的殖民地及貿易據點落入英國手中，而出島是世界上唯一可以稱為荷蘭的地方。然而，在荷蘭被吞併的情況下，幾乎沒有荷蘭船隻前往日本，據說收入中斷的荷蘭洋行員工都靠著日本的援助勉強糊口。

荷蘭王國重新獲得獨立後，荷蘭船隻才開始再次來到日本。當與日本一樣限制貿易的中國清朝在戰爭中敗給英國（鴉片戰爭）時，荷蘭國王威廉二世於一八四四年致函幕府，敦促他們開放國家，只是幕府仍持續鎖國。

據傳起草威廉二世這封親筆書信的人，是曾經被派往日本擔任荷蘭洋行醫師的德國醫生西博爾德（Siebold）。西博爾德擔任過城鎮醫師，後來成為荷屬東印度的軍醫，於一八二三年來到日本。西博爾德在一所兼作診所的私塾鳴瀧塾指導日本年輕的蘭學者，而且他也從他們那裡學習到日本事物。當他隨同甲比丹（洋行總長）致敬訪問江戶時，與幕府天文方（負責制定日曆等的職務）高橋景保進行交流，只是有人發現他從景保那裡取得重要機密的日本地圖謄本後，於一八二九年將他驅逐出境。這就是世人所說的西博爾德事件。

西博爾德回國後，住在荷蘭省的萊登，繼續研究日本相關事物。當時他的住所成為博物館（西博爾德住宅）保留至今，並於二〇〇五年用作時任荷蘭首相的巴爾克嫩德（Balkenende），與時任日本首相的小泉純一郎會談場所。

西博爾德住宅的旁邊就是萊登大學，過去西博爾德也經常出入。萊登大學與日本關係十分密切，一六七四年畢業自萊登大學的李維（Leine）醫生，曾經來到日本治療生病的第四代將軍德川家綱。一八五五年，西博爾德的德國人助手霍夫曼

（Hoffmann），開設了歐洲第一堂日本學講座。而且還在幕府末期接收了來自日本的留學生，明治時期著名的思想家西周、以官僚與政治家身分十分活躍的津田真道等人，都在萊登大學學習。

由於這些歷史上的緣分，萊登市與長崎市於一九九〇年代展開交流，並於二〇一七年結為友好城市。

與日本建立新的外交關係

一直頑固地拒絕開放國家的幕府，於一八五四年改變政策。屈服於前一年率領黑船來到日本的美國東印度分艦隊司令長官培里（Perry）的壓力，決定開放國家，並在一八五四年簽署了《神奈川條約》，於一八五八年簽署了《美日修好通商條約》。

與歐洲列強之間，也簽訂了同樣的條約。一八五六年與荷蘭年締結了《日荷和親條約》，一八五七年締結了《日荷追加條約》，一八五八年締結了《日荷修好通商條約》，與荷蘭開啟了新的外交關係。

根據《日荷和親條約》，允許荷蘭人離開出島。一八五九年荷蘭洋行兼作荷蘭總領事館，一八六六年出島成為外國人居留地。此後也持續建設長崎成為現代化港口，江戶時代的扇形出島在一九〇四年後消失。順帶一提，長崎市現在仍在進行出島修復維護工程，好讓人可以欣賞到當時出島的風景。

日本與歐洲列強締結的《修好通商條約》中，包括開放江戶、大坂（大阪）的市場（開市），以及開放新潟、兵庫的港口，但是幕府認為為時過早，於是派遣使節團前往歐洲，要求延期開放市場和港口。使節團（文久遣歐使節團）是由外國奉行的竹內保德為正使，於一八六二年一月從品川出發，花費大約一年的時間遍訪了法國、英國、荷蘭、普魯士等國家。

此時，最為熱情歡迎外賓的國家，是與日本已經來往兩百多年的荷蘭。謁見威廉三世後，使節團被授予刻有荷蘭王室獅子徽章與德川家紋三葉葵的記念章。

在日本的影響力下降

培里來到日本之後，在日本國內尊王攘夷（尊崇天皇，排斥外國人）的思想蔓延開來。在這段期間發揮主導作用的長州藩（現在的山口縣），於一八六三年至隔年爆發的下關戰爭中，敗給美國、英國、法國、荷蘭後，為了強化國家而改變政策，準備推翻幕府。此外，在那時仍為佐幕派的薩摩藩（現在的鹿兒島縣）也放棄幕府，並於一八六六年與政敵長州藩締結盟約。而在他們這些倒幕勢力背後提供協助的，就是英國。

另一方面，當時支持幕府的是法國，而非荷蘭。這時候英國和法國正在爭奪歐洲霸權，荷蘭在對日貿易上也落後英國和法國。倒幕派的諸藩與幕府的衝突，可以說是英法之間的代理人戰爭，荷蘭逐漸失去了存在感。國家開放以後，日本的口譯員（翻譯員）學習的語言已經從荷蘭語轉為英語，後來福澤諭吉訪問橫濱時還有一段軼事，就是他相當震驚自己的荷蘭語完全無法溝通。

不過，在幕府末期的日本，荷蘭絕對發揮了不小的作用。幕府為了建立自己的海軍，於一八五五年在長崎設立了海軍傳習所，並聘請荷蘭軍人擔任教官。這個訓練所在短短4年左右便關閉了，其功能轉移到江戶的軍艦操練所，培養出勝海舟、榎本武揚、五代友厚等，日後撐起日本的許多政治家及實業家。

此外，乘載著勝利往來於太平洋的咸臨丸號、在戊辰戰爭中由榎本率領的舊幕府艦隊主力開陽丸號，也都是荷蘭製造的軍艦。咸臨丸號的原名是意指「日本」的Japan號，開陽丸號則是意指「黎明之前」的Val Richter號，這兩艘船都是由幕府訂購後在荷蘭造船廠建造的。據說咸臨丸號在一八七一年擱淺於北海道渡島半島的更木岬海岸，開陽丸號在一八六八年同樣擱淺於渡島半島的江差海岸，最後雙雙沉沒了。

為日本近代化貢獻良多的荷蘭人

一八六七年，由於第十五代將軍德川慶喜的大政奉還，導致江戶幕府消滅，隔年明治政府誕生。明治政府提出殖產興業的政策，為了充實並擴充制度及基礎設施，聘請了歐美各領域的專家。也就是所謂的御雇外國人。

他們絕大多數來自英國、法國、美國及德國，但是荷蘭人在設置海洋及河川等水邊基礎設施方面受到了重用。因為荷蘭擁有許多低於海平面的濕地國土，在圍墾、整修港口和水路、灌溉等方面，擁有歐洲最高水準的技術。善用河川的水道運輸，成為日本殖產興業的基礎，所以明治政府將這些工程委託給了荷蘭人。

荷蘭人的第一個御雇外國人，是在一八七二年來到日本的土木技師范・多恩（Van Doorn），他指揮了福島縣安積（郡山市）的渠道（從水源引水的水道）工程、宮城縣野蒜（東松山市）的建港等等。他是為日本奠定下近代土木工程基礎的人物，在安積疏水的十六橋水門附近，便立著范・多恩的銅像。

除了野蒜港之外，福井縣三國港和熊本縣三角西港的建港，現在被稱為「明治三大築港」，主導其餘兩座港口建設工程的人，也是荷蘭技師。三國港是由埃塞爾（Essert）負責制定及設計施工計畫，在他退休後由德・萊克（De Rijke）在第一線負責指揮工程。德・萊克在日本待了三十年的時間，還指導了淀川的整修及大阪港的建港等等。他的專業領域為防砂技術，他將這些知識、技術系統化後傳入日本，也被稱作「日本防砂之父」。

面向有明海的三角西港是由默爾德（Mulder）所建造。它是少數將明治時期建港當時的樣貌留傳下來的港口，並於二〇一五年被登錄為世界文化遺產。此外默爾德也因為指揮過在千葉縣連接利根川與江戶川的利根運河工程而聞名。

像這樣招聘御雇外國人的同時，明治政府的領導人也視察了歐洲。一八七一年至一八七三年，由貴族官員出身的岩倉具視作為特命全權大使的使節團，訪問了美國、英國、法國、比利時以及荷蘭，遍訪了海牙、鹿特丹、萊登、阿姆斯特丹等地。並在海牙覲見國王威廉三世。

然而，一九一四年啟用的東京車站，紅磚建築的外觀與一八八九年啟用的阿姆斯特丹中央車站十分相似，一度被人說是模仿。不過，隨著後來的研究否定了這項說法。東京車站的設計是來自德國御雇外國人魯姆舍特爾（Rumschöttel）與巴爾札（Baraz）的草案，由日本建築師辰野金吾接續完成，並沒有事實顯示與荷蘭有關。不過，這些事情也牽起了兩座車站間的緣分，於二〇〇六年締結為姊妹車站。

威廉明娜女王的統治

將話題拉回到荷蘭國內。

二十世紀一直是女性占據王位。荷蘭的第一位女王，是威廉三世的女兒威廉明娜（Wilhelmina）（參閱第154頁的圖表）。她的三個哥哥都早父親一步離世，最小的孩子威廉明娜在她父親去世的一八九〇年即位，年僅十歲。話雖如此，直到威廉明娜長大之前，都是她的母親埃瑪（Emma）王太后擔任攝政王執政，所以女王親政是從一八九八年開始。

當時荷蘭的政治問題之一，就是檢討選舉制度。第二院導入了單純的小選區制，但是在一九一三年大選中成為總理的科特・范德林登（Cort van der Linden）認為，小選區制會迫使選民投票給與個人信念不一致的政黨，使人民喪失參與政治的意願。此外，當時只有男性才有選舉權，而且還設有收入的限制。尋求普通選舉的自由主義、社會主義陣營，與主張維持限制選舉權的宗派勢力存在根深蒂固的衝突，使當時的政治產生一種封閉感。

在科特・范德林登內閣的主導下，於一九一七年修訂選舉法，為了一舉解決這些問題，導入普通選舉與比例代表制。這使得所有二十五歲以上的男性具有選舉權，而且在一九一九年女性也獲得了參政權。

一九一八年在新制度下舉行的選舉中，比例代表制的成果如實顯現。事實上由十七個政黨贏得了第二院的席次。在現有政黨中，宗派勢力的席次增加，其中的天主教勢力在全部一百個席次中，獲得了三十個席次。而且很諷刺的是，科特・范德林登的自由主義陣營慘敗，從改選前的四十個席次減少至十五個席次。

選舉過後，羅馬天主教國家黨的勒伊斯・德貝倫布勞克（Ruijs van Beerenbroek）出任首相，並與新教勢力組成聯合政府。這是荷蘭史上首次出現天主教的首相。在比例代表制下擁有穩固支持基礎和組織的政黨，可以輕鬆增加席次數量，取代在十九世紀末占有優勢的自由主義陣營，二十世紀宗派勢力與社會主義勢力成為政治的核心。在比例代表制下，特定的政黨要單獨取得過半數的席次是非常困難的事，經常成立聯合政府就是荷蘭議會政治的特徵。首相通常是從第一大黨中選出，不過在某些情況下，也會由第二大黨以下的黨主席成為首相。

此外，荷蘭自十九世紀後半葉開始，一直在爭論是否該提供基督教私立學校補助金，其實一連串選舉制度的改革，也是為了解決這個問題。因為面對堅持反對立場的自由主義陣營，導入普通選舉的條件就是讓他們同意給付補助金。於是在一九一七年決定私立的宗教學校也是補助金的對象，這點在同年修訂的憲法中也有明確記載。這意味著國家承認了荷蘭社會中「支柱」的存在，此後，柱狀化社會將進一步發展下去。

經濟方面的變化，包括機械工業的急速發展。進入十九世紀中葉，發生在英國的工業革命浪潮席捲整個歐洲大陸，荷蘭在各個領域上也出現了技術革新。創業於一八六四年世界著名的啤酒生產商海尼根，創業於一八九一年製造留聲機及真空管收音機後不斷成長，如今被譽為世界級電動刮鬍刀製造商的飛利浦，都是在這個時期於荷蘭創立的。另外，誠如前文所述，荷蘭第一條鐵路建於一八三九年，全國鐵路網於一八八五年竣工。

在大戰期間仍堅持中立的立場

工業革命為各國帶來經濟成長的同時，也衍生出生產過剩的情況。產品出口目的地的海外市場，也就是殖民地的開發競爭更加激烈，列強開始針鋒相對。

一八七一年以普魯士為盟主成立的德意志帝國，在一八八二年與奧匈帝國、義大利結成三國同盟。面對這項舉動，法國、俄羅斯、英國也相互結盟，並於一九〇七年前簽訂了所謂的三國協約。

兩大陣營的對立導致緊張局勢升溫，一九一四年六月二十八日發生了一起事件，奧匈帝國的皇太子和他的妻子，在逗留塞拉耶佛期間遭到一名塞爾維亞青年暗殺。因此奧匈帝國向塞爾維亞宣戰，俄羅斯、德國、英國等列強也基於各自的同盟關係相繼參戰。第一次世界大戰就這樣展開了。

十八世紀以前的荷蘭，經常被捲入英國及法國等列強的拉鋸戰中，荷蘭王國成立後，將中立定為基本的外交政策。因此在這次大戰中，荷蘭仍宣布中立。

話雖如此，為了保持中立需要適當的防備，荷蘭從一八八〇年至一九一四年期間，修建了「阿姆斯特丹防線」，後來被聯合國教科文組織登錄為世界文化遺產。這是圍繞著阿姆斯特丹而建的四十二個要塞，一旦有事發生時，就會水淹要塞環的外側以保護城市。然而，在建造過程中飛機於歐洲加入實戰，第一次世界大戰時坦克也出現了。過去用來防止騎兵及步兵入侵的這條防禦線已經跟不上時代，實際上從未使用過。

第一次世界大戰在德國於一九一八年投降後結束。雖然一直宣稱中立的荷蘭並沒有受到直接的損害，但是鄰國比利時卻成為戰場，荷蘭在經濟上也遭受了不少的損失。

基於第一次世界大戰的反省，國際聯盟於一九二〇年成立，志在實現國際和平。荷蘭是成立當時就已經加入的原成員國之一，自一九二二年起設置在海牙的國際聯盟司法機關，常設國際法院便開始運作了。背後原因是國際和平會議過去曾經二度在同一個地方召開。

於一八九九年召開的第一次會議，除了歐洲各國，包含日本及清朝等二十六個國家都參加了。簽署了規定戰爭期間戰俘待遇等等的《海牙公約》，以及為了和平解決幕後衝突的《和平解決國際　端公約》。接著在一九〇七年的第二次會議有四十四個國家參加，制定了發動戰爭時的規則，例如發出包括宣戰的最後通牒等等。

荷蘭將目光轉向內政之後，在第一次世

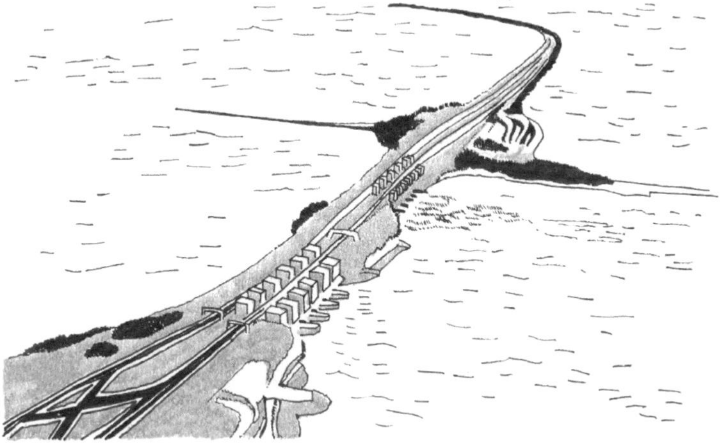

界大戰期間的一九一六年，如何解決須德海發生的大洪水成為迫在眉睫的課題，政府從一九二〇年開始這裡的圍墾工作。須德海是一個與瓦登海相連的海灣，但是靠著名為「阿夫魯戴克大堤」（攔海大堤）的巨大堤防封鎖出入口，並在海灣內開墾圩田以增加糧食產量，這就是這項工作的全貌。

20世紀興建的大堤防

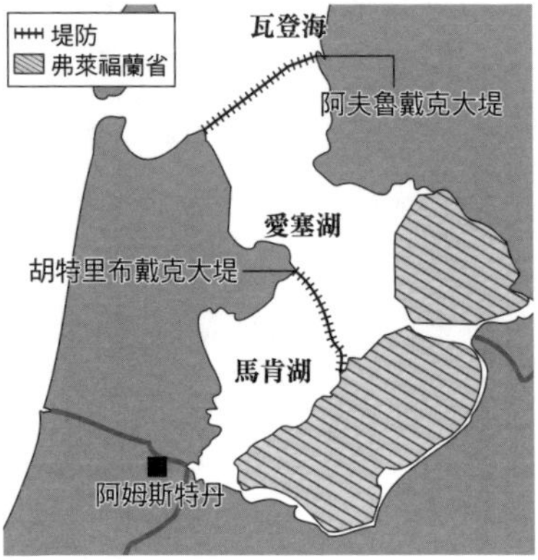

工程花費了十二年的時間，須德海被全長三十二公里、寬九十公尺的阿夫魯戴克大堤阻斷後變成了愛塞湖，湖內創造出大約兩百平方公里的新圩田。

而且在一九七五年還修建了名為「胡特里布戴克大堤」的堤防。該地區的南側原本預定要成為圩田，但是考量到環境問題後，工程已經中止了。如今，胡特里布戴克大堤的南側成為了馬肯湖。

隨著這些在二十世紀推動的須德海開發工程創造出來的圩田，一九八六年在這裡成立了第十二個省，也就是弗萊福蘭省。

制度變更延遲導致長期蕭條

荷蘭第一屆奧運會，於一九二八年七月至八月在阿姆斯特丹舉行。人們歌頌著戰後來到的和平，可是僅僅一年後，世界卻再次被烏雲籠罩。一九二九年十月二十四日紐約股市大崩盤，開始引發世界金融危機。

面對前所未有的大蕭條，英國和法國導入了限制貿易夥伴國的貿易集團。擁有充足黃金儲備的法國採納了貨幣集團，與宣布堅持金本位制度的荷蘭、比利時、義大利、波蘭、瑞士等國家，組成了金本位集團（因為是以法國為中心所以也稱作法郎集團）。

以黃金作為貨幣價值標準的金本位制度，在緊急情況下通常會切換成管理通貨制度。可與黃金交換的可兌換紙幣流出海外，意味著國內的黃金儲備減少，所以通貨膨脹等會難以控制。然而，管理通貨制度與金本位制度相較之下，缺點就是通貨的滙率較不穩定。以法國為盟主的金本位集團始終維持金本位制度，並試圖透過加強集團內部的團結來阻止黃金外流。

然而，這項政策卻以失敗告終。姑且不論荷蘭，法國是農業國家，比利時在第一次世界大戰期間成為戰場，國內的製造業十分低迷。各國都不得不從集團以外的國家進口工業製品，所以無法制止黃金外流。隨著成員國一個接著一個脫離集團，荷蘭自始至終都維持著金本位制度，可是最終卻被迫變更成管理通貨制度。光是變更延遲的情況，便導致經濟蕭條的時間拉長了。

與日本關係惡化

這段時期，世界各國都以自己的做法試圖擺脫經濟大蕭條，而經濟基礎脆弱的國家，則打算透過擴張殖民地來度過不景氣。日本的關東軍在一九三一年引發的九一八事變也是其中的一例。日本在占領中國大陸東北部的滿洲後建立了傀儡政權，採取進一步的擴張政策，一九三七年爆發中日戰爭，隨後繼續推動南進政策。

當初，美國表明為孤立主義，對於與美國利益無關的衝突，展現出靜觀其變的態度。然而，一九三三年羅斯福（Roosevelt）就任總統後卻改變了他的態度。一九四〇年與一九四一年，日本軍隊進駐法屬印度支那（現在的越南、寮國、柬埔寨）。面對日本的這項舉動，美國決定禁止向日本出口石油，英國與荷蘭（荷屬東印度）也對此表示同意。於是日本軍方從交戰中的中國（中華民國），再加上四個國家（America、Britain、China、Dutch）的頭一個英文字母，稱之為「ABCD包圍網」，向人民呼籲正受到這些國家的不當對待。為什麼會稱作Dutch，這是因為在英語中就是這樣稱呼荷蘭人或荷蘭語。

事實上，在這之前的一九四〇年當時，日本和荷蘭並不是處於敵對關係。日本自中日戰爭前後便從荷蘭進口石油等物資，當預料無法從美國進口石油時，便設置了一個名為日蘭會商的談判場所，向荷蘭要求增加包括石油在內的自然資源出口量。在這些談判的期間，日本與德國、義大利共同簽訂三國同盟條約的消息傳遍了全世界。國家長期被德國占領的荷蘭方面對此消息感到震驚，談判一直陷入僵局，最後於一九四一年六月被中止。

接著在約莫半年後的十二月八日，太平洋戰爭一爆發，曾隸屬於同盟國陣營的荷蘭向日本宣戰，兩國於是進入交戰狀態。順帶一提，眾所周知如果日荷會議破裂的話，日本將準備選擇進攻荷屬東印度。

擺脫德國的占領

將話題拉回到歐洲。由於第一次世界大戰末期爆發的革命，德國從帝國主義變成共和主義（威瑪共和國）。新政府締結和平條約（《凡爾賽條約》），並開始建立新國家，只是除了不景氣之外，遠遠超出國家預算的賠償金額加重了負擔。在這種情況下，希特勒（Hitler）領導的國家社會主義德意志勞工黨，通稱納粹（納粹黨），獲得了廣泛人民的支持。

一九三三年希特勒上台執政，隔年自行就任總統，兼任國家元首與首相。成為獨裁政府的納粹德國摒棄《凡爾賽條約》中的軍事限制條款，歐洲再次籠罩在緊張氣氛下。

第二次世界大戰從一九三九年九月一日，德國軍隊入侵波蘭開始。這次是以美國、英國、蘇維埃社會主義共和國聯邦（蘇聯）、中國（中華民國）等為中心的同盟國陣營，與以德國、義大利、日本等為中心的軸心國陣營之間的戰爭。

荷蘭在這次大戰中，還是表示中立。包含在第一次世界大戰停戰協定簽署之前，德國皇帝威廉二世（Wilhelm II）逃亡至荷蘭等等，荷蘭與德國並不是處於敵對關係，但是在一九四〇年五月十日，德國軍隊在沒有宣戰的情況下便開始入侵荷蘭。因為想要進攻法國這個強敵，就必須攻占位於進攻路上的荷蘭。

德國軍隊在十四日對鹿特丹進行了空襲，到了十七日已經完全控制荷蘭。包括威廉明娜女王在內的政府領導人，都在十三日這一天逃至國外，後來從流亡地的倫敦指揮抵抗運動。

從一九四一年起，美國也以同盟國陣營的身分加入這場大戰。一九四四年六月，美國及荷蘭也參與其中的諾曼第登陸成功之後，戰局開始傾向於同盟國陣營取得優勢。進軍德國時，在荷蘭境內像網子一樣分布的河川形成了障礙，因此同盟國軍隊自同年九月開始，利用傘兵部隊進行攻占五座橋樑的市場花園行動。然而，雖然攻占了四座橋樑，卻在占領最前線的阿納姆（現在的海爾德蘭省首府）鐵橋時失敗了，拖延了同盟國軍隊的推進。

同盟國軍隊無法建立取代諾曼第登陸點的據點，補給線仍然吃緊，不過從十月至十一月這段時間，在荷蘭斯海爾德河河口的激戰中成功擊退德國軍隊。此後他們確實保住了比利時的安特衛普港，同盟國軍隊的推進再次加速了。此外，在一九七七年市場花園行動以《奪橋遺恨》為片名被拍成電影，在二〇二〇年斯海爾德河戰役以《被遺忘的戰役》為片名被拍成電影。

走投無路的德國軍隊於一九四五年五月五日投降（德國政府在五月七日無條件投降），荷蘭獲得解放。今日的荷蘭將五月五日定為解放日，為國定假日，每五年放假一次。

被坎坷緣分連結在一起的兩個人

在德國軍事統治下的荷蘭，親納粹以外的政治團體活動全被禁止，批評納粹的人也經常遭到逮捕。誠如第88至89頁所述，荷蘭有許多的猶太移民，在二十世紀上半葉約有十四萬名猶太人居住在荷蘭，他們都受到了迫害。也就是納粹大屠殺（針對猶太人的種族滅絕行動）。

其中一名受害者安妮・法蘭克（Anne Frank），原本生活在德國的法蘭克福，但是當納粹開始在德國境內迫害猶太人時，她與家人一同搬到了阿姆斯特丹居住。只不過，在荷蘭仍然出現迫害行為，一九四二年七月五日她的姊姊瑪戈（Margot）收到一分徵召通告，命令她到德國工作。這意味著要移送到集中營，後來一家人藏身在王子運河沿岸的隱匿處。

然而，一家人在兩年後被人發現，安妮關進了德國的集中營後結束了十五年的人生。安妮一家人藏身的隱匿處，現在成為安妮法蘭克基金會管理的博物館。

儘管納粹德國主導了納粹大屠殺，但是執行占領當局指令的卻是荷蘭政府官員。戰後，荷蘭政府雖然為了冷漠對待集中營生還的猶太人一事作出道歉，但是並沒有為戰爭期間參與納粹大屠殺一事而道歉。然而，從奧斯威辛集中營解放經過七十五年後的二〇二〇年一月，首相呂特（Rutte）承認荷蘭政府在戰爭期間的錯誤，並公開道歉了。猶太社區對於這次的道歉，基本上表現出善意的回應。

話說回來，有一位演員與安妮・法蘭克被奇妙的緣分連結在一起。就是偉大的女演員奧黛麗・赫本（Audrey Hepburn）。安妮和奧黛麗出生於同一年的一九二九年，兩人在同一時期都居住在荷蘭。

奧黛麗出生於比利時，擁有英國國籍，而她的母親擁有荷蘭貴族的血統。第二次世界大戰爆發後，為了逃離戰火，奧黛莉的母親帶著她來到中立國的荷蘭避難。在被納粹德國占領後，奧黛麗透過祕密芭蕾舞公演，為抵抗運動組織籌措資金。

能夠活著迎來解放那一天的奧黛莉，長大之後成為代表戰後電影界的知名演員。一九五七年有人邀請她在電影《安妮日記》（於一九五九年上映）中扮演安妮一角，但是對奧黛莉來說，扮演與自己有著相同境遇，後來失去生命的安妮一角實在太痛苦了，最後她堅決辭退這項提議。

晚年的她也投入慈善活動，如擔任聯合國兒童基金會親善大使等。也終於在戰爭四十五年後、一九九〇年的《安妮日記》慈善音樂會上，她扮演安妮了一角。

秘密專欄

荷蘭的體育運動

全體人民都有自己的滑冰鞋!?

說到荷蘭的體育運動，多數人應該都會聯想到足球。過去在世界盃三度奪得亞軍成績的荷蘭國家隊，在國內外擁有眾多球迷，不過在荷蘭還有許多其他體育競賽深受人民喜愛。

河川及運河像網子一樣分布在荷蘭國土，自古以來人們就喜歡在冰凍的水面上滑冰嬉戲，後來逐漸發展出競速滑冰的體育競賽。即使到了現代，競速滑冰仍然盛行，甚至據說所有荷蘭人民都擁有一雙自己的滑冰鞋。二〇二二年的北京奧運，荷蘭隊在這項競賽上共獲得十二面獎牌，其中包含了六面金牌。

而自行車比賽也很受歡迎。截至二〇一三年，每一個荷蘭人擁有一點二五台自行車，數量為全球最多（根據二〇一七年自行車產業振興協會的資料），

而且市區內除了車道及人行道外，還設有自行車專用道。在二〇二一年東京奧運自行車比賽中獲得的獎牌總數，與英國並列為世界最多的國家。

荷蘭人的平均身高，男女都是全世界最高的（根據二〇二一年荷蘭統計局的調查報告），同時也是格鬥強國。一九六四年稱霸東京奧運柔道無差別級的安東・赫辛克（Antonius Johannes）、一九九〇至二〇〇〇年代在K－1十分活躍的選手彼得・阿茲（Peter Aerts）與阿諾斯特・赫斯特（Ernesto Hoost），他們全都是荷蘭人。

耐人尋味的荷蘭偉人⑤

「女間諜」的代名詞

瑪塔・哈里

Mata Hari

（1876～1917年）

靠舞者掩飾進行間諜活動

儘管荷蘭在1914年開始的第一次世界大戰期間沒有成為戰場，但是有一名在戰火下暗中活動的荷蘭女性。她就是瑪塔・哈里 。

她真正的本名是瑪格麗莎・赫特雷達・澤萊（Margaretha Geertruida Zelle），1876年出生於弗里斯蘭省的利瓦頓。她與一名荷蘭軍官結婚後，搬到荷屬東印度生活，還在那裡誕下兩個孩子，後來她離婚搬到巴黎，為了謀生而成為一名舞者。瑪塔・哈里是她的藝名，在馬來語中意指「陽光」。

瑪塔・哈里因其美貌迅速走紅，開始與各國政府相關人員及軍方人員發生關係，並被德國雇用為間諜，另一方面她也接受法國委託從事間諜活動。1917年2月，她因涉嫌從事間諜活動而被法國逮捕，同年10月遭處死。

chapter 6

「寬容之國」的未來

延續了三代的女王

度過兩次世界大戰難關的女王威廉明娜，於一九四八年讓位給長女朱麗安娜（Juliana），而朱麗安娜在一九八〇年將王位傳給了長女碧翠絲（Beatrix）。這三代女王的配偶都是德國人，朱麗安娜於一九三六年在德國舉行的加爾米施－帕滕基興冬季奧運上認識了另一半，碧翠絲則是在德國貴族黑森王朝一家之主的婚前派對上遇到了另一半。荷蘭在地理位置上鄰近德國，而奧倫治－拿騷王朝便起源自德國，因此王室的配偶多數從德國人當中挑選。

然而，碧翠絲在納粹德國入侵荷蘭後才結婚，而她的丈夫克勞斯（Klaus）過去曾隸屬於納粹的青年組織希特勒青年團。雖然荷蘭人民強烈反對二人的婚姻，但是克勞斯誠實的人品還是被人民所接受了。

碧翠絲夫妻的第一個孩子，是一九六七年出生的現任國王威廉－亞歷山大

荷蘭王室（20世紀中葉～21世紀）

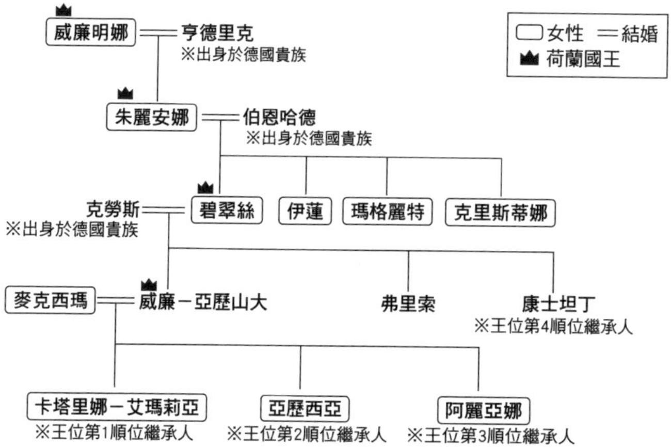

（Willem-Alexander），他是荷蘭王室相隔一百一十六年來誕生的直系男性子孫。威廉於二〇一三年在母親退位後即位。他是威廉三世去世一百二十三年以來，第一位的男性國王。

威廉的妻子麥克西瑪（Máxima）來自阿根廷，在擔任銀行職員時認識了當時的皇太子威廉。荷蘭王室是新教徒，但是麥克西瑪卻是天主教徒。而且她的父親是阿根廷軍政府的部長，涉嫌參與刑訊等侵犯人權的行為。因此，不少荷蘭人民都反對二人結婚，不過麥克西瑪的真誠態度，例如努力學習荷蘭語等等，逐漸得到了人民的支持。此外，這些王位全都是由前任國王生前退位後進行繼承的，預料今後也會成為常態化。

改變中立方針變成西方陣營

一九四五年十月，取代戰前國際聯盟的國際組織聯合國（UN）成立。荷蘭是該組織成立時加入五十一個創始會員國之一。海牙的常設國際法院，隨著國際聯盟的解散消失之後，同樣設置在海牙的國際法院接替了它的角色。一九九七禁止化學

武器組織（OPCW）也在海牙成立。

關於聯合國的成立，兩大國家美國與蘇聯的意見一致，只是在兩國衝突程度加劇之後，世界便分裂成以美國為首的西方陣營，和以蘇聯為首的東方陣營。後來，於一九四七年左右展開了東西方之間的冷戰。

雖然荷蘭在大戰前保持中立，但是在戰後明確表明自己身為西方陣營的立場，並與美國、英國、法國等國的步伐一致。當時在安全方面的課題是，阻止德國重新武裝，以及防禦共產主義勢力的入侵。為此，荷蘭、比利時、盧森堡、英國、法國這五個國家於一九四八年簽署了《布魯塞爾條約》。

德國戰敗後在戰勝國的分割統治下，於一九四九年分裂成西德和東德。西德應西方各國的要求獲得允許重新武裝，並於一九五四年與義大利一起加入了上述五個國家的聯盟。這個聯盟被稱為西歐聯盟（Western European Union）。另外，在一九四九年四月美國也加入了，由西方陣營的諸國成立了一個規模更大的軍事聯盟

「北大西洋公約組織」（NATO），荷蘭成為創始成員國。

主導歐洲整合

戰爭結束後不久，除了安全問題之外，經濟復甦也是一項迫切的課題。一九四八年，過去構成荷蘭王國的荷蘭、比利時、盧森堡，組成了「比荷盧經濟聯盟」，目的是為了撤除三國之間的貿易關稅。會使用「比荷盧聯盟」一詞就是從這時候開始的。比荷盧經濟聯盟的最終目標，是在地區內創建單一市場，後來逐漸發展成一九五八年成立的歐洲經濟共同體（EEC）。

為了設立這個歐洲經濟共同體而竭盡全力的人，就是德雷斯（Drees）內閣的外交部長的貝恩（Beyen）。歐洲自一九五一年以來，出現了一個共同管理煤炭及鋼鐵生產的國際組織，名為歐洲煤鋼共同體（ECSC），比荷盧三國和法國、西德、義大利這六個國家都是成員國。貝恩的目標是在這六個國家之間形成關稅同盟和單一市場，EEC就是以這個構想為基礎下簽署的《羅馬條約》而成立的。

在《羅馬條約》中，除了EEC之外，也成立了歐洲原子能共同體（Euratom），以共同開發核能為目的。Euratom、ECSC和EEC於一九六七年合併，成為歐洲共同體（EC）。由上述六個國家展開的EC，後來在一九八六年成為十二個國家的體制，成員國共包含了英國、愛爾蘭、丹麥、希臘、葡萄牙和西班牙。

以歐洲整合為目標的行動後來也不斷加速，除了經濟方面之外，也考量到安全方面而尋求一個整體性的共同體，最後決定在一九九二年於荷蘭南部林堡省的城市馬斯垂克簽署《馬斯垂克條約》，創立「歐洲聯盟」（EU）。在隔年一九九三年成立的EU，歷經一九九九年生效的《阿姆斯特丹條約》、二〇〇九年生效的《里斯本條約》之後，充實並強化了安全保障政策，後來上述的西歐聯盟於二〇一一年時解散。

另外荷蘭在二〇〇二年，將過去的貨幣荷蘭盾，替換成新貨幣歐元。

印尼獨立戰爭爆發

儘管荷蘭在成立國際協調體制上發揮了主導的角色，但是在印尼獨立的議題上，卻受到國際社會的嚴厲批評。

事情要回溯到一九四一年。第二次世界大戰爆發後，荷蘭當地被德國軍隊占領，不過荷屬東印度仍繼續由殖民地政府統治。同年十二月，當日本軍隊同時攻擊夏威夷珍珠港並入侵英屬馬來半島時，殖民地政府立即向日本宣戰。兩國正式進入戰爭狀態，最後殖民地政府於一九四二年三月投降。

此後，東印度被日本統治，一九四五年八月日本投降後，主導民族運動的蘇卡諾（Sukarno）和哈達（Hatta）等人宣布獨立。新國家的名稱為「印度尼西亞共和國」，第一任總統為蘇卡諾。然而，具有宗主權的國家荷蘭並不承認這次獨立，並計畫重新統治該地。於是便開始了印尼獨立戰爭。

聯邦構想最終以失敗告終

當時的美國及國際輿論都對殖民地統治持批評態度。因此荷蘭並沒有直接統治印尼，而是試圖透過在當地建立多個傀儡國家來維持影響力。

一九四六年，荷蘭與蘇卡諾的政敵，印度尼西亞共和國的首相夏赫里爾（Sjahrir）簽署了《林加賈蒂協議》，將印度尼西亞共和國的領土界定為爪哇島和蘇門答臘島，並在其他地區成立了自治國家，由荷蘭擁有宗主權。然而，隔年荷蘭軍隊卻占領了爪哇島和蘇門答臘島的重要城市。在一九四八年簽署的《倫維爾協定》中，允許荷蘭擴大統治區域，不過荷蘭自己廢棄了這項協定後再次發動軍事行動，並捕獲蘇卡諾等人。

推測包含兩次這種名為警察行動的荷蘭入侵在內，從一九四五年至一九四九年期間，印尼有超過十萬人死亡。此外在這場戰爭中，於第二次世界大戰後仍留在當地的日本士兵成為了義勇軍，支援印尼作戰。

隨著戰事拖延，荷蘭受到國際輿論的嚴厲批評，後來終於同意停戰。一九四九年八月至十一月舉行的海牙圓桌會議上，承認印度尼西亞共和國獨立，十二月印度尼西亞聯邦共和國成立。共和國主要由爪哇島和蘇門答臘島組成，聯邦共和國除了共和國之外，還包括加里曼丹（婆羅洲）島及蘇拉威西島的各國。荷屬東印度的主權轉讓給印度尼西亞聯邦共和國，對於想要消除荷蘭影響力的印尼民族主義者來說，並不滿意這項協定。

話雖如此，荷蘭軍隊得以撤軍已經是一個很大的進步。共和國呼籲其他聯邦成員國和地區加入共和國。儘管發生了一些武裝衝突，合併還是取得了進展，印度尼西亞共和國於一九五〇年八月成立，變成了一個國家。

只不過，紐幾內亞島西部的西新幾內亞歸屬問題，在荷蘭與印尼之間還是沒有獲得解決，兩國在一九六二年再次交火。隨後，經由聯合國的調停，承認印尼在西新幾內亞的行政權，並於一九六九年舉行全民公投，正式成為了印尼領土。

此外，在第二次世界大戰期間荷蘭與日本中斷的外交關係，於一九五二年生效的《舊金山和約》中恢復了邦交。雖然戰爭期間荷蘭戰俘的待遇，導致荷蘭人對日本的厭惡感遲遲揮之不去，不過經由日本皇室與荷蘭王室的交流，逐漸化解了雙方的芥蒂。

海外領土安地列斯的瓦解

雖然印尼從荷蘭手中贏得了完全獨立，但戰爭結束後荷蘭除了印尼之外，還擁有其他的海外領土。包含南

當時的日本

二戰後，日本被同盟國軍隊占領，在1951年與各個同盟國之間簽署了《舊金山和約》，並於隔年恢復主權。此外，在締結該條約的同時，也與美國締結了《美日安保條約》。後於1956年成為聯合國會員國。

荷蘭海外的領土

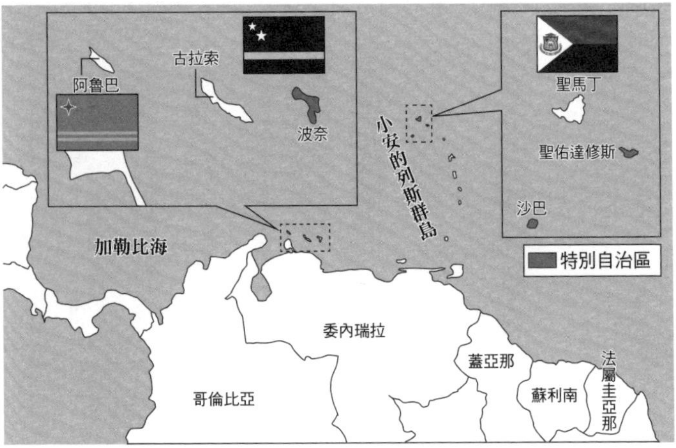

美洲的荷屬圭亞那及加勒比海的荷屬西印度群島。荷蘭王國（荷蘭聯合王國）就是由這些海外領土與荷蘭組成的。

荷蘭在一九四八年修改了殖民地規定，改變政策允許各國自治。一九五四年基於這些規定頒布了《荷蘭王國憲章》，規定荷蘭及其自治領土以平等地位組成荷蘭王國。

圭亞那於一九五四年獲得自治權，並與荷蘭談判後，於一九七五年實現獨立成立蘇利南共和國。

另一方面，荷屬西印度群島過去一

直隸屬於西印度群島的小安的列斯群島，因此在一九五四年時更名為荷屬安地列斯，並於同年獲得內政自治權。荷屬安地列斯由阿魯巴、波奈、古拉索、聖馬丁、聖佑達修斯、沙巴這六個島組成，古拉索過去曾為荷蘭西印度公司（WIC）的基地之一。

當中的阿魯巴於一九八六年脫離荷屬安地列斯，單獨成為荷蘭王國的構成國。其他島嶼也提出要求自治的呼聲，荷屬安地列斯於二〇一〇年瓦解。然而，除了阿魯巴成為自治領地之外，只有古拉索和聖馬丁成為自治領地，波奈、聖佑達修斯、沙巴這三座島嶼成為特別自治區納入荷蘭。這就是目前荷蘭王國和荷蘭這個國家的框架。

每年百分之五的驚人經濟成長

接著要來看看荷蘭這個國家的經濟、政治和社會。

說到荷蘭為什麼如此執著於印尼的殖民地，就是因為印尼是一個重要的經濟基地。印尼的獨立對荷蘭來說是一個沉重的打擊，甚至可提出「失去東印度將帶來災難」這樣的口號，但是戰後的荷蘭經濟卻出乎意料地達到飛躍性的復甦。

美國的馬歇爾計畫向荷蘭提供了約十億美元的援助金，目的是為了復興西歐經濟，而其中在第一年收到了約四億美元，相當於當時荷蘭國家預算的三分之一左右。這筆巨額的援助金用來修復年久失修的社會基礎設施，還進行了新的設備投資等等，結果荷蘭經濟在一九五〇年左右恢復到戰前的水準。此後直到一九七〇年代為止，每年持續以大約百分之五的驚人速度成長。

當時的日本

與荷蘭的經濟成長大約在同一時期，從1950年代中期開始的約莫20年間，日本的經濟成長率平均每年成長10%左右（高度經濟成長）。1960年代末期，GNP（國民生產毛額）位居世界第二，僅次於美國。

在工業當中，煉油、石化工業、金屬工業等表現出特別高的成長率，而石化工業中心歐羅波特（鹿特丹港）的貨物吞吐量，在一九六五年超越了美國的紐約港，成為世界第一（截至二〇二〇年為第七名）。此外，阿姆斯特丹史基浦機場也是戰後最快恢復的基礎設施之一，在二〇一九年時旅客人數為歐洲第三多的機場。

政府、勞工組織、雇主組織的合作重振了經濟

荷蘭政府在戰後為了復興經濟所採取的做法，就是統一管理工資和物價。降低生產成本也有助於提高國際競爭力，支持經濟發展。

然而，壓低工資可能會引起勞工的反彈。因此政府在實施經濟政策時，致力協調勞工和雇主之間的利害得失，防範罷工等勞資糾紛於未然。於是經由分析國家與利益團體的關係，來制定政策的觀點被稱為「社團主義」，尤其是將利益團體限制為政府、勞工、雇主這三方進行分析的手法，便稱之為「新社團主義」。

一九五〇年左右主導政治的人，是來自工黨的首相德雷斯，但是在荷蘭自十九世紀中葉開始政黨政治以來，時至今日經常組成聯合政府，由基督教勢力掌控著一部分的德雷斯政府。勞資之間的穩定合作與基督教民主主義的理想一致，而新社團主義進展的背後原因，可說是因為荷蘭柱狀化社會（參閱第158頁）存在的關係。

德雷斯是一名致力於擴充社會保障等福利制度的政治家，至今仍受到荷蘭人民的敬愛。他曾在一九四七年擔任貝爾（Beel）內閣的閣員時，為六十五歲以上的老年年金給付特別立法，成為首相後也在一九五六年導入了一般老年年金法，每個月向六十五歲以上的高齡者提供年金給付。要說德雷斯奠定了今日荷蘭成為福利國家的基礎也不為過。

「荷蘭模式」帶來了奇蹟

持續順利成長的經濟，由於一九七〇年代爆發的二次石油危機而迎來了轉機。

一九五九年在荷蘭北部格羅寧根省沿岸發現天然氣田，在石油危機之際天然氣的出口增加。因此荷蘭貨幣荷蘭盾（參閱第143頁）的匯率高漲，同時勞工工資也上漲。另一方面，匯率上升導致荷蘭製品的國際競爭力下降，結果演變成失業人口增加。因自然資源出口擴大造成國內製造業低迷的現象，被稱作「荷蘭病」。

此後荷蘭遭遇停滯性通貨膨脹，經濟衰退與物價上漲同時發生，失業率一度達到百分之十四，不過後來也是在政府、勞工組織、雇主組織的合作下才擺脫了這種不景氣。一九八二年在基督教民主呼籲（基督教民主主義政黨）的魯伯斯（Lubbers）執政下，在南荷蘭省瓦瑟納爾召開政府、勞工組織、雇主組織的三方會議上，同意「工會不會要求調漲工資」、「雇主會縮短工作時間並確保就業」、「政府將減稅並努力消除財政赤字」（《瓦瑟納爾協議》）。

繼魯伯斯政府之後，工黨的科克（Kok）政府也修正了勞動相關法律，縮短每名勞工的工作時間，並確保就業，共享工作逐漸普及。值得大書特書的政策趨勢是，同工同酬的原則成為規則，糾正了全職勞工與兼職勞工的待遇等等的差異。換句話說，全職員工與兼職員工並無差別，相同的工作就會支付相同的薪水。這種雇用改革被稱為「荷蘭模式」（或稱波德模式）。

如今，荷蘭的勞工主要可選下述三種工作方式。第一種是每週工作三十五個小時以上且週休二日的全職工作，第二種是每週工作二十至三十四個小時且週休三日的大量兼職工作，第三種是每週工作十九個小時以下且週休四日以上的兼職工作。

可以彈性選擇工作模式，導致就業人數大幅增加，荷蘭的失業率在二〇〇一年下降至百分之三左右。自一九八八年起的十年間，大約有一二〇萬個新的就業機會，其中七成以上為兼職工作（但是大部分的兼職工作者皆為女性，全職工作依然是以男性為主流）。當時荷蘭的經濟成長率高於整個歐洲的平均水準，同時減少失業率並達到經濟成長的現象，被稱為「荷蘭奇蹟」。

然而，在就業擴大的同時，失業給付在一九八六年從失業前薪資的百分之八十減少為百分之七十，給付期間從兩年半縮短至六個月。此外在一九九五年，失業給付申請人還規定要接受職業訓練。包括就業機會的擴大，這些情況顯示荷蘭的就業和福利政策，從給付型轉變成參與型。而且參與型的就業和福利制度，導致移民等特定人士排除在外的問題重新浮上了檯面。

「寬容之國」面臨的移民問題

荷蘭也被稱為「寬容之國」，不過它的起源可說要回溯到近代之前。十六世紀至十七世紀這段期間荷蘭與西班牙的戰爭（八十年戰爭），也能說是一場為了維持城市自治，保護宗教自由的戰爭。此外，對於重視經濟自由主義的荷蘭來說，將特定民族排除在國家或貿易網絡之外的想法，是極為不合理之事。

因此荷蘭積極接納移民，這點即使到了現代還是沒有改變。從戰前到戰爭結束後，當時有許多來自印尼等殖民地的移民，在經濟成長顯著的一九六〇年代以後，有來自摩洛哥及土耳其等地的大量勞工，紛紛前來尋找工作。一九八〇年代之後，荷蘭也接收來自中東的難民。結果，荷蘭的穆斯林（伊斯蘭教徒）人口迅速增加。

荷蘭也是一個多元文化主義的國家，移民的小孩上學的學校會融入學習母語及母國文化的課程，電視及廣播也被規定要播放適合少數民族的節目。雖說這些做法都表現出在移民政策上的包容度，但是近年來卻發生了新的問題。背後因素在於移民的第二代、第三代，與荷蘭社會存在文化上、宗教上的距離感及差異性，因此被社會孤立的例子不斷增加。

誠如前文所述，荷蘭的就業和福利政策已經從給付型轉向成參與型，而且現代需要更高效溝通能力的第三產業正蓬勃發展。荷蘭移民的就業率遠低於荷蘭人民，可說移民的第二代、第三代找工作的門檻比以往更高了。找不到工作，被孤立的移民對社會築起一道牆，社會也開始將他們視為危險的存在，這就是荷蘭的現況。

二〇〇〇年代發生了一起象徵這種現象的事件。二〇〇二年主張禁止接受伊斯蘭教移民的右翼政黨領袖佛杜恩（Fortuyn），遭到一名動保團體的年輕人槍殺，兩年後同樣站在反伊斯蘭立場的電影導演西奧・梵谷（Theo van Gogh，畫家文森・梵谷弟弟的子孫）也被摩洛哥移民的第三代殺害了，可謂移民政策的重大轉折。

寬容與不寬容夾雜的現代

這些事件過後，右翼政黨在荷蘭政界也向前躍進，截至二〇二三年七月懷爾德斯（Wilders）率領的自由黨，在第二院成為具影響力的政黨。荷蘭的聯合政府必定會有基督教勢力加入其中，但是一直以來身為執政黨的基督教民主呼籲在一九九四年的大選中慘敗，工黨與自由民主人民黨聯合組成的科克政府便誕生了。自一九一七年導入普通選舉法以來，第一次出現不含基督教勢力的聯合政府。此外，從二〇一〇年至二〇二三年七月，在這段期間擔任首相的呂特是自由民主人民黨的黨主席，這是自二十世紀上半葉科特・范德林登以來，首次由自由主義陣營的政治家擔任首相。

據說這種情況是起因於選民背棄宗教的關係，意味著自十九世紀下半葉以來建構荷蘭社會的柱狀化社會已經瓦解了。在柱狀化社會中，雖然會與不同主義、不同信條的對方保持距離，卻依然尊重對方的存在，也許現代的荷蘭正逐漸喪失寬容度與柱狀化社會的瓦解並非毫無關係。

然而，荷蘭仍然是一個以最大限度尊重個人自由和人權的國家。一九九三年魯貝士執政時期是世界上首次將安樂死立法，二〇〇〇年科克執政期間承認同性婚姻的法律也是全世界第一個成立。此外，在同年也讓賣淫合法化，並承認為一種職業。允許使用大麻等軟性藥物一事在日本也是相當有名，不過這點多少會讓人誤解。在荷蘭只有符合國家所制定的嚴格條件，即所謂「咖啡店」的店家才允許販售軟性藥物，不過這只是意味著不會被起訴，嚴格來說屬於違法行為。

這般寬容與不寬容交織構成的現代荷蘭，未來將走上什麼道路，舉世矚目著。

耐人尋味的荷蘭偉人❻

創作出許多熱門作品的大師

保羅・范赫文

Paul Verhoeven

（1938 年～）

諷刺不道德行為蔓延的社會

電影導演范赫文因推出了《機械戰警》、《魔鬼總動員》、《靈異第六感追緝令》等熱門作品而聞名於世。

他於1938年出生於阿姆斯特丹，在納粹德國占領下度過了童年。1973年他的發跡作品《土耳其狂歡》在隔年獲得了奧斯卡金像獎最佳外語片提名。主演同一部作品的魯格・豪爾（Rutger Hauer），擔任同一部作品以及《靈異第六感追緝令》的攝影師，後來創作出《捍衛戰警》等熱門作品的揚・德邦特（Jan de Bont）也是荷蘭人。

范赫文的作品經常使用過激的暴力和性表達，諷刺不道德行為蔓延的社會及戰爭。他的代表作之一科幻電影《星艦戰將》，也有會讓人聯想到納粹德國的軍人出現，充斥著對軍國主義的諷刺。

荷蘭的歷史 年表

這份年表是以本書提及的荷蘭歷史為中心編寫而成。

配合下半段的「世界與日本歷史大事紀」，可以更深入理解。

年代	荷蘭大事紀	世界與日本大事紀
西元前13年	併入羅馬行省	世界 羅馬成為帝國（西元前27年）
8世紀后半葉～	被法蘭克王國統治	日本 遷都平安京（794年）
15世紀中葉～	被勃艮第公爵統治	日本 應仁之亂爆發（1467年）
1548	整個尼德蘭全被哈布斯堡王朝統治	日本 基督教傳入（1549年）
1568	八十年戰爭爆發（～直到1648年為止）	世界 法國宗教戰爭爆發（1562年）
1584	威廉一世被殺	日本 豐臣秀吉統一全國（1590年）
1648	荷蘭共和國的獨立得到承認	世界 三十年戰爭結束（1648年）
1650	第一次無總督時代開始（～直到1672年為止）	日本 由井正雪之亂（1651年）
1702	第二次無總督時代開始（～直到1747年為止）	世界 西班牙王位繼承戰爭爆發（1701年）
1795	荷蘭共和國瓦解，巴達維亞共和國成立	日本 寬政改革開始（1787年）

1806	巴達維亞共和國瓦解，荷蘭王國成立。	世界 神聖羅馬帝國滅亡（1806年）
1810	荷蘭王國併入法蘭西帝國領土	日本 菲頓號事件（1808年）
1813	荷蘭聯合王國宣布獨立	世界 萊比錫戰役（1813年）
1815	威廉一世即位後成立荷蘭聯合王國	世界 德意志邦聯成立（1815年）
	盧森堡大公國成立（共主邦聯成立）	日本 異國船驅逐令（1825年）
1839	承認比利時獨立（比利時分離獨立）	世界 鴉片戰爭爆發（1840年）
1890	解散與盧森堡的共主邦聯	日本 頒布《大日本帝國憲法》（1889午）
1940	德國軍隊入侵並遭到占領（～直到1945年為止）	日本 締結《德意日三國同盟條約》（1940年）
1945	聯合國創立後成為創始成員國	日本 頒布《日本國憲法》（1946年）
1949	NATO創立後成為創始成員國	世界 中華人民共和國成立（1949年）
	承認印尼獨立	世界 韓戰爆發（1950年）
1975	蘇利南獨立	世界 越戰結束（1975年）
1993	EU創立後成為成員國	世界 蘇聯解體（1991年）
	世界上首次將安樂死立法	日本 阪神大地震（1995年）
2000	世界上首次將同性婚姻合法化	世界 九一一襲擊事件（2001年）

參考文獻

『反転する福祉国家 オランダモデルの光と影』水島治郎(岩波書店)
『戦後オランダの政治構造 ネオ・コーポラティズムと所得政策』水島治郎(東京大学出版会)
『年報政治学 72巻(2021)1号』「オランダ:「完全比例代表制」の1世紀 」水島治郎(日本政治学会)
『現代世界の陛下たち デモクラシーと王室・皇室』水島治郎・君塚直隆編著(ミネルヴァ書房)
『アンネ・フランクはひとりじゃなかった アムステルダムの小さな広場 1933-1945』リアン・フェルフーフェン著、水島治郎・佐藤弘幸訳(みすず書房)
『月刊みすず2021年12月号』「オードリー・ヘプバーンとアンネ・フランク アムステルダムの空の下で」水島治郎(みすず書房)
『図説 オランダの歴史 改訂新版』佐藤弘幸(河出書房新社)
『物語 オランダの歴史 大航海時代から「寛容」国家の現代まで』桜田美津夫(中公新書)
『オランダ小史 先史時代から今日まで』ペーター・J・リートベルゲン著、肥塚隆訳(かまくら春秋社)
『オランダを知るための60章』長坂寿久(明石書店)
『新版 世界各国史 14.スイス・ベネルクス史』 森田安一編、斎藤絅子・佐藤弘幸・河原温・津田由美子著(山川出版社)
『近世オランダ治水史』中澤聡(東京大学出版会)
『オランダ 水に囲まれた暮らし』ヤコブ・フォッセスタイン著、谷下雅義編訳(中央大学出版部)
『科学史ライブラリー オランダ科学史』 K. ファン・ベルケル著、塚原東吾訳(朝倉書店)
『近代ヨーロッパの誕生 オランダからイギリスへ』玉木俊明(講談社)
『興亡の世界史 東インド会社とアジアの海』羽田正(講談社学術文庫)
『平成蘭学事始 江戸・長崎の日蘭交流史話』片桐一男(智書房)
『お雇い外国人 明治日本の脇役たち』梅溪昇 (講談社学術文庫)
『近代日本の政治構想とオランダ 増補新装版』大久保健晴(東京大学出版会)
『アジア・太平洋戦争と石油 戦備・戦略・対外政策』岩間敏(吉川弘文館)
『オランダモデル 制度疲労なき成熟社会』長坂寿久(日本経済新聞社)
『新装版 人と思想 62 エラスムス』斎藤美洲(清水書院)
『リッツォーリ版 世界美術全集2 Bosch』座右宝刊行会編(集英社)
『BSSギャラリー 世界の巨匠 ボッス』カール・リンフェルト著、西村規矩夫・岡部紘三訳(美術出版社)
『ウィーン美術史 美術館所蔵 栄光のオランダ・フランドル絵画展カタログ』神戸市立博物館・読売新聞大阪本社編(読売新聞大阪本社)
『スピノザ 人間の自由の哲学』吉田量彦(講談社現代新書)
『新装版 人と思想 178 グロティウス』柳原正治(清水書院)
『フェルメール 作品と生涯』小林頼子 (角川ソフィア文庫)
『レンブラント 光と影の魔術師』パスカル・ボナフー著、高階秀爾監修、村上尚子訳(創元社)
『ゴッホ』日本アート・センター編、高階秀爾解説(新潮美術文庫)
『マタ・ハリ伝 100年目の真実』サム・ワーヘナー著、井上篤夫訳(えにし書房)
『マックス・ハーフェラール、もしくはオランダ商事会社のコーヒー競売』ムルタトゥーリ

[監修]

水島治郎

1967年出生於東京。千葉大學研究所社會科學研究院教授。東京大學研究所法學政治學研究科博士班結業。法學博士。專攻荷蘭政治史、歐洲政治比較。著作包含《反転する福祉国家ーオランダモデルの光と影』(2012年，岩波書店，損保日本記念財團獎得主)、《ポピュリズムとは何か》(2016年，中公新書，石橋湛山獎得主)、《隠れ家と広場ー移民都市アムステルダムのユダヤ人》(2023年，Misuzu Shobo)等書。

編集・構成/造事務所
設計/井上祥邦(yockdesign)
插畫/suwakaho
協力/大河内賢、村中崇
照片/〈p4〉7maru/shutterstock.com、〈p5〉Aerovista Luchtfotografie/shutterstock.com、〈p8〉Nieuwe_kerk_20040311/Wikipedia、〈p10〉Yasonya/shutterstock.com

極簡荷蘭史

出　　版/楓樹林出版事業有限公司
地　　址/新北市板橋區信義路163巷3號10樓
郵政劃撥/19907596　楓書坊文化出版社
網　　址/www.maplebook.com.tw
電　　話/02-2957-6096
傳　　真/02-2957-6435
監　　修/水島治郎
翻　　譯/蔡麗蓉
責任編輯/黃穫容
內文排版/楊亞容
港澳經銷/泛華發行代理有限公司
定　　價/350元
出版日期/2024年12月

國家圖書館出版品預行編目資料

極簡荷蘭史 / 水島治郎監修 ; 蔡麗蓉譯. -- 初版. -- 新北市 : 楓樹林出版事業有限公司, 2024.12　面；　公分

ISBN 978-626-7499-49-8 (平裝)

1. 荷蘭史

747.21　　113016498